GLOBUS

Jeanette Hesse

Weil das Leben schön ist

Die Reise zu meinem wahren Selbst

© 2025 **Europa Buch** | Berlin
www.europabuch.com | info@europabuch.com

ISBN 9791257030445
Erstausgabe: April 2025

Gedruckt für Italien von Rotomail Italia
Finito di stampare presso Rotomail Italia S.p.A. - Vignate (MI)

Weil das Leben schön ist
Die Reise zu meinem wahren Selbst

Für mich,
für meine Familie,
für Sarah,
die in mir den Funken setzte,
einfach mal ein Buch zu schreiben.

„Freiheit bedeutet, dass wir Dinge anders denken können. Um mit etwas in Übereinstimmung zu sein, bedarf es keiner Freiheit.“

- José Mujica

Inhaltsverzeichnis

Vorwort

Ich wollte vor vielen Jahren mal ein Buch schreiben, fing an mit dem Sumpf der Erinnerungen aus meiner Kindheit, hörte jedoch bald wieder auf, es brachte mich nicht weiter, es floss nicht, weil mein Verstand es wollte.

Inzwischen habe ich aufgehört, Dinge zu planen oder Dinge zu wollen. Ich mache jeden Tag das, was gerade ansteht, mein Leben fließt wie ganz von allein. Ich habe nicht geplant ein Buch zu schreiben. Mir wurde oft gesagt, dass ich mal Bücher schreiben werde, oder ein Buch schreiben sollte. Zuletzt vor ein paar Tagen von meiner Nachbarin Andrea. Und plötzlich floss es einfach.

Ich schreibe oft Tagebuch. Ich schrieb den ersten Text dieses Buches in mein Tagebuch und merkte, dass ich diesen Text nochmal abtippen sollte. Ich tat es. Er floss einfach aus mir heraus, er sprach mir aus der Seele. **Meine Botschaft an die Welt, meine Botschaft zum Schutz unserer Kinder**, zu deren Seelen ich eine besondere Verbindung habe, deren Not mir so oft entgegenspringt, genauso wie die Schönheit dieser Kinder, die Reinheit, mit der sie die Welt sehen, so lange, bis wir Erwachsenen so viel an ihnen rumerzogen haben, dass sie ihren wahren Kern vergessen haben.

Ich schickte diesen ersten Text einer Freundin, wollte ihn mit ihr teilen. Sie ist ein wahrer Freund, ein Engel in meinem Leben, ein verletztes Kind, eine so wundervolle Frau. Und dann tippte ich weiter die aus mir herausgeflossenen Texte aus meinem Tagebuch ab, immer wenn mir danach war, wenn es in mir rief, dies zu tun. Irgendwann tippte ich die Texte direkt auf meinem Laptop. Und plötzlich gab ich den Texten eine große Überschrift: „Weil das Leben schön ist" und ich merkte, das ist der erste Text des Buches und das ist der letzte Text des Buches. Plötzlich merkte ich, dass ich ein Buch schreibe!

Der Sumpf unserer Erfahrungen ist nicht entscheidend, er ist eine Illusion, das Drama, an dem unser Ego es liebt sich zu suhlen. Entscheidend ist, was wir tun. Entscheidend ist, wofür wir uns entscheiden.

Wofür hast du dich bisher in deinem Leben entschieden, bei deiner Gesundheit, deiner Ernährung, der Weise, auf welche du die Welt betrachtest? In der Liebe, in deiner Familie, deinem Umfeld? Kannst du vergeben? Folgst du der Angst? Wofür hast du dich in der Coronazeit entschieden?

Entscheidest du dich weiterhin dafür oder wird es vielleicht Zeit, neu zu entscheiden?

Für alle Menschen, die sich trauen
Entscheidungen mit ihrem Herzen zu treffen,
die auf ihre innere Stimme hören
und diejenigen, die das noch lernen möchten!
Im September 2024

Lasst eure Kinder in Ruhe leben, wachsen und lachen – Das Heiligtum der Kindheit schützen

Lasst eure Kinder in Ruhe leben, wachsen und lachen. Kümmert euch selbst um eure Dinge, sortiert euer Inneres, damit eure Kinder es nicht für euch tun müssen. Wenn es doch so kommt, dass eure Kinder diese Aufgabe übernehmen, ist es in Ordnung, denn Kosmos heißt Ordnung, ihre Seelen können das tragen. Doch wenn ihr der Welt und euren Kindern ein Geschenk machen wollt, dann lasst sie in Ruhe leben, wachsen und lachen. Bürdet ihnen nicht den Müll auf, vor dessen Bearbeitung ihr euch selbst drückt. Das ist wahre Liebe! Diesen Müll habt ihr selbst ungefragt von euren Eltern übergeschüttet bekommen. Sie ließen euch nicht in Ruhe leben, wachsen und lachen, ebenso wie deren Eltern es taten, als deine Eltern Kinder waren. Das größte Geschenk, das du der Welt machen kannst, ist bei dir selbst anzufangen, deinen Seelenmüll zu sortieren und deine göttliche Vollkommenheit in dir wiederzuentdecken, mit der du einst geboren wurdest, bevor deine Vorfahren dir ihren Seelenmüll überschütteten.

In Liebe an alle Kinder dieser Welt und alle verletzten Kinder in den erwachsenen Körpern, die auf dieser Erde wandern.

Für Matti und Christina
Im September 2024

Das Drama entsteht immer nur auf menschlicher Ebene

Das Drama entsteht immer nur auf der menschlichen Ebene. Auf der Seelenebene existiert es nicht. Auf der Seelenebene ist der Weg klar, so wie alle Flüsse ins Meer fließen. Wir befinden uns immer im Fluss des Lebens. Wir können uns treiben lassen, dem Weg vertrauen. Gleichzeitig sind wir achtsam, wenn wir uns einem Felsen nähern, schwimmen wir vorbei oder knallen dagegen, wenn wir nicht achtsam waren. Wenn wir wollen, können wir uns auf einem Felsen ausruhen, falls das überhaupt nötig ist. Wir können die Aussicht genießen. Manchmal klammern wir uns an einen Felsen, verlieren unnötig Kraft, weil wir in Angst geraten und dem Fluss des Lebens nicht vertrauen. Manche klammern sich vielleicht ihr Leben lang an einen Felsen, weil sie in der Angst bleiben, sich dem Fluss des Lebens nicht hingeben. Vielleicht sterben sie an diesem Felsen in diesem ängstlichen Zustand, ihr toter Körper wird eben dann im Fluss des Lebens zum Meer fließen. Wir haben die Wahl, ob wir uns dem Fluss des Lebens hingeben und bei vollem Bewusstsein in die Schönheit des Meeres eintauchen, oder erst, wenn wir schon lange tot sind und die Reise unseres Lebens aus Angst nicht erlebt haben.

Für Elisabeth
Im September 2024

Demut

Demut - bei allem, was wir lernen, bei allem, was wir glauben zu sein. Bei aller Weisheit, allem, was wir glauben verstanden zu haben, bei allem, was wir „besser können" als andere, bei allem, was wir glauben schon erreicht zu haben. Demut in jedem Augenblick, denn Hochmut kommt vor dem Fall. Gehst du voller Demut, gehst du immer stabil, stehst du voller Demut, stehst du immer stabil, liebst du voller Demut, liebst du immer stabil, lebst du voller Demut, lebst du immer stabil und in Balance.

Wo fehlt es mir an Demut? Wo neige ich dazu hochmütig zu sein?

Für alle Hochmütigen
Im September 2024

Schwach sein

Schwach sein. Uns erlauben, schwach zu sein. Das ist wahre Stärke. Wie oft sind wir stark, obwohl es viel besser wäre, schwach zu sein, verletzlich zu sein. Wie oft ist unser Starksein nur Ego, Angst, Konditionierung, eine Flucht vor uns selbst. Einfach mal schwach sein, sagen: „Ich brauche eine Pause." Mein Kopf denkt, ich durfte nie schwach sein als Kind, später habe ich es mir selbst untersagt und habe mich damit fast selbst zerstört. Heute erlaube ich mir, schwach zu sein, erlaube mir Pausen, ziehe mich zurück, wenn mir danach ist, und gehe erst wieder raus, wenn mir danach ist, wenn ich mir genug Zeit gegönnt habe, ehrliche, neue Kraft zu tanken. Wie oft brüstete ich mich damit, dass ich keine Pause brauche, verachtete Menschen dafür, dass sie eine Pause machten/ brauchten. Heute sage ich: „Juhu, Pause!" und ich sage, wenn ich eine Pause machen möchte. Daraus erwächst eine so tiefe und ehrliche Kraft, daraus erwächst die pure Freude am Leben, eine Freude, die ich dann gerne den Menschen in meinem Umfeld schenke, immer wenn ich rausgehe, beim Spazieren, beim Einkaufen, bei einem Aufguss in der Sauna, bei meiner geliebten Arbeit im Café, bei meinen Begegnungen als Yogabegleiterin, in jedem Moment meines Lebens, wenn mir gerade danach ist, wenn ich nicht gerade eine Pause mache und ganz für mich alleine bin, ganz allein in meiner Freude am Sein. Und manchmal beobachte ich, dass mich Menschen für meine Freude zu verachten scheinen, vielleicht, weil sie selbst den Zugang zur Freude verloren haben, so wie ich die Menschen verachtete, die eine Pause machten, weil ich den Zugang zum Ausruhen verloren hatte.

Für mich
Im September 2024

Yoga

Bleibe bei allem, was du tust mit einem Teil deiner Aufmerksamkeit bei dir selbst. Du kannst fünf Stunden in meditativer Pose sitzen und keine Sekunde mit dir selbst verbunden sein. Du kannst zur Yogastunde gehen und Asanas machen und dich selbst dabei komplett verpassen. Die Yogapose ist nicht entscheidend. Die Verbindung zu dir selbst ist der wahre Sinn des Lebens.

Spüre deinen Atem, bei allem was du tust, sei dein Atem, lebe, sei. Es gibt immer ein Innen und ein Außen, alles ist miteinander verbunden, doch wir haben den Bezug, das Gefühl zu uns selbst, zu unserem wahren Kern verloren. Yoga ist die Reise zurück zu diesem Kern. Er ist immer da, die Schöpfung ist immer vollkommen. Möchtest du ihn wiederentdecken?

Yoga ist alles, Yoga ist immer, Yoga ist Leben. Du brauchst keine Asanas, keine Meditationspose. Sie sind ein möglicher Weg, dich selbst zu finden. Wenn du Freude daran hast, dann mache es, doch glaube nicht, dass Asanas und eine meditative Pose automatisch Yoga sind. Du kannst es stundenlang machen und dabei keine Sekunde mit dir selbst verbunden sein. Sie können ein wunderbarer Weg zu dir selbst sein oder aber nur ein weiterer Weg an dir vorbei!

Tue alles, was du tust, mit Achtsamkeit, mit Liebe, das ist Yoga. Wenn du einen Teller spülst, spüre das Wasser, den Teller, den Spüllappen, den Raum in dem du bist, das Haus in dem der Raum ist, den Ort, in dem das Haus steht und vor allem: erkenne dich selbst! Spüre deinen wahren Kern, dein vollkommenes, wahres Sein. Atme! Spüre deinen Atem, bleibe stets verbunden mit deinem Selbst und deinem Atem. Das ist Yoga!

Ich war auf meiner Lebensreise oft sehr weit weg von meinem inneren Kern, der Liebe zu mir selbst, dem puren Sein. Ich habe meinen Atem nicht mehr gespürt, manchmal habe ich vor lauter Anspannung komplett aufgehört zu atmen. Plötzlich merkte ich: „ Oh, ich atme gar nicht! Wann habe ich aufgehört zu atmen?" Wenn du nicht atmest, lebst du nicht! Wann habe ich aufgehört zu leben?

Ich habe an der Universität Gesang als Hauptfach studiert, ich liebte das Atmen, war der pure Atem. Meine Mutter sagt, ich habe erst gesungen, dann gesprochen. Wie kann ein Mensch, der das Atmen so sehr liebte und pflegte, verlernen zu atmen? Heute atme ich wieder, übe mich darin, es in jedem Moment zu spüren. Wir sind Atem, wir sind Leben, erkenne dich selbst! Das ist Yoga!

Für Rosaria
Im September 2024

Maske oder Würde?

Wie geht das, dass eine Regierung einem ganzen Land verbietet zu atmen? Atmen ist Leben! Aus meinem Mund ist es eine rein rhetorische Frage. Ich habe mich jahrelang mit der Psychologie des Menschen befasst, es war reine Psychologie, die Psychologie der Angst! Dazu kommt, dass die meisten Menschen ihr Leben lang eine Maske tragen. Sie sind weder ehrlich zu sich selbst noch zu ihren Mitmenschen. Vielleicht war es nichts Besonderes für sie, nun auch in Form eines Stückes Stoff eine Maske vor sich zu tragen. Ich habe mich geweigert, eine Maske zu tragen, weigere mich schon mein ganzes Leben, auch wenn ich es manchmal unbewusst tat. Ich bin ehrlich und transparent, erkenne mich immer besser selbst. In der Coronazeit bezahlte ich zweimal 50 Euro für das Atmen an der frischen Luft. Einmal in Mainz und einmal in Trier auf dem Domfreihof. Acht Polizisten umzingelten mich in Trier, versuchten mich einzuschüchtern, mit ihren Uniformen und ihrer aufgesetzten Haltung. Ich hatte einen unschlagbaren Vorteil. Ich hatte eine wahre Haltung, keine aufgesetzte. Keine in Form einer Uniform, meine Haltung kommt aus der Tiefe! Die Polizisten sagten, ich müsse eine Maske tragen, oder den Platz verlassen, sonst würden sie mich in Gewahrsam nehmen. Ich blieb im Frieden, schaute ihnen in die Augen und sagte: „Sie machen das, was Sie für richtig halten und ich mache das, was ich für richtig halte." In mir gab es auch eine freche Stimme, die dachte: „Spannend, Gewahrsam, das habe ich noch nie erlebt. Lass es doch mal drauf ankommen." *(Inzwischen ist es Oktober, ich habe eben zum ersten Mal den Rohentwurf des Manuskripts ausgedruckt und gelesen. Dabei kam mir der Gedanke, was „Gewahrsam" doch für ein wunderbares Wort ist. Dürfen wir im*

Gewahrsam unserer selbst gewahr werden? Wessen sollen wir uns dort gewahr werden? Ein herrliches Wort!) Sie wollten mich auf dem Platz zur Seite locken, ganz beiläufig, psychologisch recht geschickt, doch nicht geschickt genug für mich. Ich sagte: „Ich bleibe hier stehen, hier, wo uns alle gut sehen können." Dann stellte ich mich mitten auf den Domfreihof. Um mich herum stand eine große Menschenmenge im Kreis und hielt sich an den Händen, es war eine Demo gegen die Coronamaßnahmen. Nun stand ich etwas aufgeregt, aber ganz im Frieden mitten auf dem Platz, über mir schwebte ein an mein Handgelenk gebundener roter Luftballon mit der Aufschrift „Menschheitsfamilie". Und was taten die Polizisten?

Nichts!

Ich wurde nicht in Gewahrsam genommen. Die freche Stimme in mir fand es etwas traurig. Ich stellte es mir spannend vor, wie ich mich brav abführen lasse, im Streifenwagen sitze und den Polizisten ein paar ernste Fragen stelle. Zum Beispiel, was sie ihren Kindern später erzählen werden? Oder, wie es sich anfühlt, wenn sie sich abends im Spiegel betrachten. Können Sie sich heute Abend im Spiegel betrachten und ganz „JA" zu dem sagen, was Sie heute in Ihrer Dienstzeit getan haben?

In Berlin auf der zweiten großen Querdenkerdemo blieb ich ganz nah bei einem Polizisten und fragte immer wieder: „Was sagen Sie ihren Kindern?" Immer wieder in Dauerschleife. Die Mutter einer meiner Schüler war bei mir und stimmte mit ein. Der Polizist bekam recht schnell Tränen in die Augen, führte aber weiter seinen Dienst aus. Später sagte die Mutter zu mir: „Du bist aber ganz schön hartnäckig!" Ich sagte: „Natürlich, es geht um unsere Kinder!"

Irgendwann verließ ich den Domfreihof und ging nach Hause. Später bekam ich Post, 50 Euro Bußgeld für das Atmen an der frischen Luft. Ich werde Malu Dreyer, die damalige Ministerpräsidentin von Rheinland-Pfalz, bei Gelegenheit fragen, wer mir diese 100 Euro zurückgibt? Frau Dreyer, geben Sie mir diese 100 Euro zurück? Ich schrieb damals auf die Überweisung: „Nehmen Sie das Geld, ich behalte meine Würde!" Ich freue mich darüber, meine Würde gewahrt zu haben, werde es immer tun. Und ich denke heute: „In Würde für 100 Euro wunderbare Lebensmittel kaufen, die mein Immunsystem stärken, das wäre schön!" Also, Frau Dreyer, geben Sie mir diese 100 Euro zurück? Falls nicht, ist das kein Problem, ich komme in Würde auch mit 100 Euro weniger zurecht.

Ich komme mit so viel weniger zurecht. Ich habe in der Coronazeit meinen Beamtenstatus gekündigt, diesen goldenen Käfig der Scheinsicherheit. Ich war nicht bereit, auch nur einem mir anvertrauten Kind zu schaden. Dieses „weniger" existiert übrigens nur in den Wahrnehmungen der Menschen, denn heute habe ich als fröhliche Servicekraft in einem wunderbaren Café umgerechnet einen höheren Stundenlohn als damals als sehr viel arbeitende Schulleitung. Als Lehrer ist es egal, wie viel oder gut du arbeitest, das Gehalt bleibt immer gleich bzw. erhöht sich von Jahr zu Jahr unabhängig von deiner Eignung.

Liebe Frau Dreyer, vielleicht werde ich Sie bei Gelegenheit doch nicht fragen, ob Sie mir diese 100 Euro zurückgeben, auch wenn mein Ego manchmal meckert: „Ich möchte diese 100 Euro zurück!" Je bewusster wir sind, desto weniger Raum ist für das konditionierte Ego und was bleibt? Ein Leben ohne Maske und in Würde. Liebe Frau Dreyer, behalten Sie das Geld, ich habe ja meine Würde.

Gestern habe ich in einem Gespräch mit Tom Lausen gehört, dass ein Richter vor Gericht sagte, dass die Gerichte in der Coronazeit davon ausgingen, dass die Rechtsprechung auf den Entscheidungen des RKI fuße. Die nun ungeschwärzt vorliegenden Protokolle würden jedoch zeigen, dass dies nicht der Fall war. Die Anklage möchte das Verfahren zurückziehen, was aus juristischen Gründen wohl nicht geht, die Verteidigung geht von einem Freispruch aus.

Ich beobachte, dass die Menschen, die mitgemacht haben, in der Regel nicht mehr über Corona sprechen wollen. Aus meiner Sicht gehen sie in die volle Verdrängung. Die Menschen, die nicht mitgemacht haben, sind sehr daran interessiert, dass über das, was war gesprochen wird. Ich mag die deutsche Bürokratie oft nicht, doch jetzt bietet sie den Vorteil, dass alles irgendwo niedergeschrieben wurde. Die bewusst verbreitete Angst hat es vielen Menschen unmöglich gemacht, klar zu denken. Aktuell wird die Angst in anderen Bereichen geschürt, nicht in der Coronathematik. Das bietet neue Möglichkeiten der Aufarbeitung, das bringt mehr Klarheit, ob die Mitmacher wollen oder nicht.

Für alle, die den Mut hatten, nicht mitzumachen
Im September 2024

Engel

Sie begleiten dich, kommen in dein Leben, manchmal merkst du es nicht, dass dich gerade ein Engel beschützt. Ich habe viele Engel erst rückwirkend als diese erkannt. Ohne sie wäre ich nicht die, die ich heute bin. Sie haben mich begleitet, als ich gar nicht merkte, wie nötig ich gerade ihre Anwesenheit hatte. Heute weiß ich: Wenn sie nicht dagewesen wären, hätte ich es wahrscheinlich nicht geschafft, wäre ich an der Last meiner Erfahrungen zerbrochen.

Ich wusste damals noch nicht, welche Geschenke diese Prüfungen enthielten. Sie machten mich zu der wunderbaren Frau, die ich heute bin, eine Frau mit Würde, Schönheit, Liebe und Freude. Eine Frau mit einer klaren Haltung, die gelernt hat, schwach sein zu dürfen, und gleichzeitig mit einer gottgegebenen Stärke, die einfach nichts umhauen kann. Ich mache es wie Pippi Langstrumpf: Je stärker der Sturm wird, desto stärker werde ich.

Heute brauche ich den Sturm aber nicht mehr, dieses menschliche Drama, an dem wir uns oft laben. Heute genieße ich das stille, tiefe Meer und wenn ein Sturm aufkommt, lasse ich ihn einfach vorüberziehen und bestaune die Schönheit der Schöpfung. Und in Zeiten, als ich das noch nicht konnte, hatte ich meine Engel an meiner Seite. Ich danke dem Universum von ganzem Herzen dafür! Auch heute begleiten mich viele Engel. Ich nehme sie heute wahr, danke ihnen, sage ihnen, dass sie wahre Engel in meinem Leben sind. Im Kosmos ist alles in Ordnung und wenn es mal etwas stürmisch ist, schickt das Universum uns Engel, die uns begleiten.

Kennst du die Engel in deinem Leben? Nimmst du sie wahr? Ich wünsche es dir.

Für Doris, Silke, Jitendra und die beiden Jochen,
stellvertretend für alle Engel in meinem Leben
Im September 2024

Freundschaft

Ein Freund ist etwas Heiliges. Ein wahrer Freund! Nicht diese oberflächlichen Verbindungen, die unsere Gesellschaft verpesten. Ein Freund sagt es dir, auch wenn du es gerade vielleicht nicht hören möchtest, wenn er spürt, dass es dennoch gerade ausgesprochen werden muss, damit du weiter wachsen kannst. Ein Freund hört dir zu, gibt dir deinen Raum, wenn du gerade ein Ohr brauchst, einen Raum, um es loszuwerden. Ein wahrer Freund macht dich nicht zu seiner allwissenden Müllhalde, er hat gelernt, dass er die Dinge selbst zu verarbeiten hat. Trotzdem erlauben wir einem wahren Freund, manchmal einfach seinen Müll bei uns abzuladen, wenn er gerade nicht weiß wohin damit. Ein Freund schweigt, wenn er spürt, dass du gerade auf dem Holzweg bist, aber es einfach selbst rausfinden darfst, um zu wachsen. Ein Freund kennt deine Schwächen, verwendet sie aber nicht gegen dich. Falls ihr euch aus Unbewusstheit und Ego mal kurz in ein Drama begeben solltet, ist dieses Drama schnell zu bereinigen, denn jeder erkennt seinen Anteil daran, die ungelösten Knoten in sich selbst. Ein wahrer Freund freut sich mit dir. Ein wahrer Freund ist nicht neidisch. Ein wahrer Freund erwartet nicht von dir, dass du anrufst, er ruft einfach an, wenn es Zeit ist anzurufen. Manchmal hört ihr eine Woche nichts voneinander, manchmal einen Monat, manchmal ein Jahr oder länger, und wenn euch eure Energie wieder zusammenruft, dann ist es, als hättet ihr gestern zuletzt gesprochen. Ein wahrer Freund ist ein großer Lernpartner! Er triggert dich manchmal, fordert dich heraus und wenn du bewusst genug bist, dann erkennst du das Geschenk darin. Denn dein Freund kann nichts dafür, dass er dich triggert, er dient dir als Spiegel, er knallt dir deine Unbewusstheit um die

Ohren. Ein wahrer Freund nimmt dir keine Energie, er saugt dich nicht aus, es ist immer Raum für jeden für euch, er macht dir keine Vorwürfe, er erkennt an, was du brauchst und benennt dir gegenüber seine Grenzen. Er begleitet dich, er hilft dir und gleichzeitig sagt er dir: „Dein Leben kannst nur du selbst leben, übernimm die Verantwortung für deinen inneren Zustand, kein anderer ist dafür zuständig." Eine wahre Freundschaft ist keine Verbindung, die sich im Drama suhlt. Ich denke, viele Freundschaften beginnen so, doch eine wahre Freundschaft ist es erst, wenn das Drama in euch endet. Ein wahrer Freund kann dir alles sagen und du kannst ihm alles sagen. Ein wahrer Freund hat nie Böses im Sinn. Ein wahrer Freund weiß, dass du nie Böses im Sinn hast. Ein wahrer Freund ist etwas Heiliges. Ein wahrer Freund ist äußerst selten!

Bist du ein wahrer Freund? Wer ist dein wahrer Freund? Geh hin und sag es ihm. Umhülle ihn mit Liebe und danke dem Universum für diese wunderbare Verbindung.

Für meine wahren Freunde
Im September 2024

Und plötzlich hast du einen neuen Bruder

Mein Vater heiratete dreimal. Meine Mutter war seine erste Frau, sie bekamen vier gemeinsame Kinder, ich bin das dritte Kind meiner Eltern. Mit seiner zweiten und dritten Frau bekam mein Vater jeweils noch ein weiteres Kind. Daniel ist das sechste Kind meines Vaters und somit mein Bruder. Ich habe zwanzig Jahre gewusst, dass es ihn gibt, hatte jedoch nie Kontakt zu ihm. Mir wurde gesagt, er sei geistig beeinträchtigt und lebe in einer Wohngruppe. Mein letzter Stand war, dass er in Kaiserslautern sei. Durch den Tod unserer gemeinsamen Oma erfuhr ich, dass er nicht mehr in Kaiserslautern ist, sondern lediglich elf Kilometer von mir weg wohnt. Ich fiel aus allen Wolken, konnte es nicht fassen, dass er mir seit vier Jahren bereits so nah war. Ich fuhr ein halbes Jahr sogar mehrmals in der Woche direkt am Helenenberg vorbei zur Arbeit. Das Spannende ist, dass mich oft etwas zum Helenenberg zu rufen schien. Ich ging dieser Stimme nicht nach, konnte es nicht einordnen. Heute weiß ich, welche Seele nach mir rief!

Gestern habe ich Daniel zum zweiten Mal getroffen. Wir hatten einen wunderschönen Abend zusammen. Ich bewundere ihn sehr. Wenn es stimmt, dass Seelen sich ihre Erfahrungen auf der Erde selbst aussuchen, dann ist er wohl eine der mutigsten Seelen, die mir je begegnet ist. Er ist in keinster Weise geistig beeinträchtigt! Es gibt gewisse Diagnosen, diese sind jedoch völlig unwichtig. Er ist so ein lieber Mensch, so klar, so reflektiert, arbeitet so hart an sich. Mein Kopf denkt, er ist der Weiseste meiner Geschwister und einer der weisesten Menschen, die ich je traf. Ich weiß, was es heißt, sich alleine zu fühlen, ich weiß, was es heißt, sich scheinbar alleine durchkämpfen zu müssen, ich weiß, was es heißt, nicht mehr leben zu wollen. Ich glaube, Daniel weiß das alles noch viel besser als ich und ich bewundere diesen jungen Mann, der es bis hierher geschafft hat und dessen Leben, glaube ich, gerade erst losgeht. Ich sagte bei unserem ersten Treffen, dass er bisher wahrscheinlich nur überlebt habe, er stimmte zu. Ich spüre so sehr, dass das Leben gerade erst für ihn losgeht. Und er wird das alles ganz wunderbar meistern.

Er mag die Farbe schwarz, kleidet sich in ihr, umgibt sich mit dieser. Eine Erzieherin erzählte mir, wie er vor vier Jahren ankam, mit Kapuzenpulli verhüllt, wollte von keinem anderen etwas wissen. Er erzählte mir, dass es inzwischen für ihn in Ordnung sei, wenn jemand bunt ist. Früher habe er sich, wenn ein Erzieher ein buntes T-Shirt trug, am Tisch so weit wie möglich weggesetzt, konnte die Buntheit nicht ertragen. Wie auch, wenn so viel Leid, so viel Trauer, so viel Schmerz, so viel Einsamkeit, so viel Tod seine Erfahrungen und damit seine Zellen durchdrangen? Wie übersteht ein kleines Menschenkind all das, was er überstanden hat? Wie kann ein kleines Menschenkind, heute ein junger Mann, heil werden, nach all dem? Die Antwort ist: LIEBE. Pure Liebe wird ihn heilen und das Universum hat mich gerade aufs Spielfeld gerufen, die Schwester, deren Werte Liebe, Freude, Mut und Wahrhaftigkeit sind. Ich gehe und stehe in diesem Leben für die Kraft der Liebe und die Kraft der Freude, und das Universum hat Daniel und mich nun zusammengerufen. Ich bin davon überzeugt, dass unsere verstorbene Oma uns zusammengerufen hat, sie hat mir auf ihre Weise den Auftrag dazu gegeben, über Daniel zu wachen.

Ich erzählte dies Daniel, er sagte, das könne sein, weil er mich brauche. Ich antwortete ihm, dass er mich nicht brauche, dass alles in ihm selbst stecke, er alles erreichen könne, ich aber nun da sei, ebenso wie er. Es ist jetzt einfach dran, dass wir zusammen weitergehen. Und falls hier jemand irgendwen braucht, brauche ich ihn vielleicht viel mehr als er mich. Auch in mir darf noch sehr viel heilen. Ich halte schon lange Ausschau nach Menschen, die „weiser" sind als ich, von denen ich in der Tiefe etwas lernen kann. Ich begegne ihnen selten, ergründe mir die Dinge in der Regel selbst. Doch wenn ich Daniel sehe, kann ich so viel lernen über Mut und Lebenswillen, über die unergründliche Kraft in uns, nicht aufzugeben, weiterzumachen, egal wie oft uns das Leben scheinbar in die Fresse haut. Uns selbst zu erkennen, uns zu befreien von unseren Erfahrungen, unseren Konditionierungen, unseren Mustern, unseren falschen Glaubenssätzen.

Daniel mag die Farbe schwarz, wurde manchmal geärgert, andere sagten zu ihm, da gehe Dracula, wenn er des Weges kam. Ich sagte ihm, er könne den anderen sagen, dass Dracula nun einen bunten Vogel als Schwester habe. Seine Erzieherin möchte ihm ein wenig buntere Farben andrehen. Ich sagte gestern zu ihm, er solle die Farbe so lange tragen, wie er sie braucht. Er erzählte, seine Oma habe ihm mal ein rosa T-Shirt geschenkt und er habe es sofort weggeworfen. Wie übergriffig, ihm nicht zuzugestehen, die Farbe schwarz zu tragen, so lange er es braucht, so lange er möchte, so lange er damit in Resonanz geht, weil sein Leben so voller Dunkelheit war und die Erinnerungen daran es noch sind. Doch es wird heller! Gestern sah ich so viel Freude in ihm! Ich sah, dass er es irgendwie nicht glauben konnte, seine Zellen sind es nicht gewohnt, so von Freude geflutet zu werden und einem Menschen zu begegnen, der ihm einfach bedingungslose Liebe schenkt.

Als ich ihn abholte war er sehr aufgeregt. Ich fragte, ob er Angst habe? Er antwortete, dass er sich einfach so sehr freue! Und ich darf sehen, wie sehr er sich freut, und spüre, dass er mir vertraut, und ich spüre, dass es einen kleinen Teil in ihm gibt, der das Ganze nicht so recht glauben kann, der Angst hat, dass diese Schönheit endet, denn so oft hat er Menschen gehen sehen.

Lieber Daniel, ich sage dir: „Das Leben ist schön! Das Leben ist bunt und ich bin jetzt da! Du brauchst mich nicht, du bist von Natur aus vollkommen, alle Kraft steckt in dir selbst und ich begleite dich, erinnere dich an die Schönheit in dir, immer dann, wenn du aufgrund deiner Erfahrungen den Zugang dazu vielleicht gerade übersiehst. Das Leben ist bunt, dein Sein erinnert mich jeden Tag daran, das Leben ist schön, dein Sein erinnert mich jeden Tag daran, wir Menschen sind unglaublich stark, dein Sein erinnert mich jeden Tag daran! Du hast von Geburt an das Recht auf Freude und Liebe, daran werde ich dich erinnern, wenn du das möchtest."

Im Leben hat alles seinen Sinn, egal wie schwer wir manchmal daran zu tragen haben. Und je mehr wir das verstehen, desto leichter wird alles, desto besser können wir uns wieder aufrichten und gradlinig durchs Leben gehen. Ich danke dir für dein wunderbares Sein, lieber Daniel, ich nehme dich ganz an, so wie du bist, so wunderschön und schwarz. Ich bewundere dich für dein „JA" zum Leben, du bist ein Geschenk, es ist ein Geschenk, deine Schwester zu sein, ich danke dir und liebe dich!

Mein Bruder heißt Daniel. Ich wusste 20 Jahre nicht, wo er ist. Heute weiß ich es und freue mich auf unseren gemeinsamen Weg!

Für Daniel
Im September 2024

Meine Mama

Ich habe meine Mama lange gehasst. Ich hatte einen tiefen Groll gegen sie in mir. Wenn ich sie sah, sah ich ein Monster. Wenn wir uns trafen, war ihr Gesicht für mich die Fratze des Bösen, des Egoismus, die Fratze, die mir so viel Schmerz zugefügt hatte. Diese Dinge wusste ich jedoch lange nicht, ich nahm einfach nur diese Fratze wahr, merkte, dass ich meine Mutter abstoßend fand, sie nicht umarmen wollte, ihre Energie drang übergriffig in mich ein, es war mir nicht möglich in ihrer Nähe zu sein.

Wenn ich mal auf einer Familienfeier war, bemühte ich mich ihr gegenüber um Offenheit, überlegte, wo mein Anteil dieser Abneigung sei, wusste, es steckt zumindest teilweise auch in mir. Ich bin ein Mensch der Liebe, doch es war mir ihr gegenüber nicht möglich. Heute weiß ich, dass diese Fratze ein Spiegel meiner Unbewusstheit war, ich hatte nicht nur einen Anteil, die Fratze steckte allein in mir.

Ich hielt noch fest „an allem, was sie mir angetan hatte", suhlte mich unbewusst in diesem Schmerz, hielt an der Opferrolle fest, am „unfair", dabei existierte all das schon lange nicht mehr, ich war gefangen im Leid meiner sinnlosen Erinnerungen. Nicht bewusst! Im Verstand hatte ich das alles schon tausendmal durchgekaut, habe gedacht, ich hätte es verarbeitet, hätte es verstanden. Doch ich hatte es nicht aus vollem Herzen begriffen, darum konnte ich mein Herz ihr gegenüber auch nicht öffnen.

Ich habe mich viele Jahre von meiner Familie distanziert, konnte diese ganze Energie nicht ertragen, in mir, in meinem Umfeld, dieses ganze Schwingungsfeld. Heute weiß ich, dass ich hochsensibel bin, heute weiß ich, warum es mir nicht möglich war zu bleiben. Ich nehme alle Energien in einem Raum ungefiltert auf. Ich habe noch nicht gelernt, sie einfach durchfließen zu lassen. Ist es möglich, das zu lernen? Ich weiß es nicht.

Ich hatte gedacht, ich hätte meiner Mutter verziehen, hatte viel gelesen, gelernt, dass jeder es so gut macht, wie er kann. Ich habe es mir jahrelang wie ein Mantra eingeredet. Es stimmte auch. Doch ich hatte dabei einen wichtigen Punkt vergessen. Ich hatte meinen Schmerz verkapselt, war „stark", bewegte mich in den unbewussten Mustern des Funktionierens, ließ keinen an mich ran, obwohl ich durchgehend in einer Partnerschaft lebte. Dass ich keinen an mich ran ließ formuliere ich in diesem Moment zum ersten Mal in meinem Leben! Ich ließ mich nicht mehr verletzen, hatte ein Schutzschild aufgebaut. Doch bei meiner Familie, besonders bei meiner Mama, funktionierte das nicht. Ich musste weg!

Irgendwann schickte mein Körper mir sehr schmerzhafte Symptome. Es gab eine Endometriosediagnose, ich brach Monat für Monat zusammen, über Jahre, weinte, schrie nachts vor Schmerzen und funktionierte im Alltag einfach weiter! Ich nahm Schmerztabletten, ging weiter meiner Arbeit als Lehrerin nach, räumte eine komplette Schule vom obersten bis zum untersten Winkel auf und verkapselte weiter meinen Schmerz. Mit Yoga, einer veganen sowie gluten- und zuckerfreien Ernährung konnte ich die komplette Endometriosesymptomatik heilen. Nur eins blieb: Zysten in meinem Unterleib. Zweimal wurde eine etwa zehn Zentimeter im Durchmesser operativ entfernt. Beide Male schickte das Universum mir Ärzte, die sehr gut operierten. Ich las, dass Zysten für ungeweinte Tränen wachsen, unterdrückte Wut seien und schrie innerlich: „ICH BIN NICHT WÜTEND!" Ein Freund sagte einmal zu mir, er habe gehört, Endometriose sei Heimatlosigkeit. Damit ging ich direkt sehr stark in

Resonanz. Irgendwann las ich, dass Zysten Verletzungen aus der Kindheit seien. Ich spürte tief in mir, dass der Schlüssel zur Heilung in meinem wahren Selbst liegt. Die Schulmedizin bot mir - abgesehen von ihrem wirklich großartigen operativen Können - keine wahre Hilfe. Hormone nehmen ist ihre Lösung! Eine zeitlang habe ich diese widerwillig genommen, völlig entgegen meines inneren Gefühls. Mein Unterleib beruhigte sich, doch ich bekam Schlafstörungen, Herzrasen, ständige Müdigkeit, Kältezustände, Hautausschlag, depressive Zustände und Schulmediziner sagten, daran müsse ich mich gewöhnen, es würde mit der Zeit besser werden. Das sei halt so. Und ich sagte: „NEIN, das ist mit Sicherheit nicht die Lösung!" Ich weiß genau, dass der Schlüssel in mir selbst liegt. Ich übernehme die komplette Verantwortung für meinen inneren Zustand! Manchmal überforderte/ überfordere ich mich damit, trete dann wieder in das Muster des Funktionierens, des alles alleine schaffen Müssens. Ich bin heute an diesem Punkt weiser, ich spreche heute aus, wenn mir alles zu viel ist, ich nehme mir meinen Raum, weine, fühle. Alles was ich bisher ganz tief in mir vergraben hatte, darf nun hochkommen. Ich bin heute so stark wie nie und kann all diese Dinge durchfühlen, und dann gehen sie.

Ich merke, wie alles leichter wird, wie das Drama verschwindet, wie ich leichter werde. Mein Kopf dachte, ich hätte meiner Mutter vergeben. Ich merkte, dass ich es nicht getan hatte an dem Tag, als ich wahrhaft vergab. Ich lag auf meiner Yogamatte, spürte und hörte in mir plötzlich „VERGEBUNG". Ich hatte einen Flug nach Indien gebucht, dachte, dass ich lange weg sein würde und wahrscheinlich nicht zurückkommen würde. Und ich wollte ganz im Frieden gehen. Eine Stimme in mir sagte: „Jeanette, du kommst wahrscheinlich nicht zurück, mach deinen Frieden mit allen und allem und dann geh." Drei Monate waren klar, ich ging davon aus, dass es mindestens sechs werden würden und sehr wahrscheinlich noch viele mehr. Ich dachte, ich sei fertig mit Deutschland, mit all diesen Energien, mit allem, wollte weg, konnte es nicht mehr ertragen, in diesem Land, in dem ich mich nie Zuhause gefühlt hatte, in einer Familie, bei der ich bis ich 18 wurde hoffte, dass mir endlich jemand sagt, ich sei adoptiert. Ich hatte kein Zuhause, ich hatte keine Familie, es gab nichts, was mich hielt, dies sagte mir ein unbewusster Anteil in mir. Auch dies formuliere ich in diesem Moment zum ersten Mal!

Und plötzlich spürte ich „VERGEBUNG" in mir, rief meine Geschwister an und ging nach Jahren zum ersten Mal unangekündigt zum Geburtstag meiner Mama. Alle waren völlig überrascht. Meiner Schwester hatte ich gesagt, dass ich vielleicht kommen würde. Ich werde nie vergessen, wie sie oben an der Treppe stand, mich sah und freudig „JA" sagte. Ich werde das Gesicht meiner Nichte und meines Neffen nicht vergessen. Meine Nichte stand ebenfalls oben an der Treppe, mit offenem Mund. Meine Mama kam in den Flur, sah mich, brach innerlich vor Freude fast zusammen, weinte kurz, entschuldigte sich sofort für ihre Tränen, nahm wieder Haltung ein. Wie ähnlich ich doch meiner Mutter bin und all die Jahre war! Weg mit den Tränen, Haltung wahren, zur Not bis zur völligen Selbstzerstörung. So hatte ich es von ihr vorgelebt bekommen und sie hat es mit Sicherheit auch so vorgelebt bekommen. *(Beim Korrekturlesen schrieb meine Mama folgenden Kommentar: „Ich hatte einfach nur Angst, dass du sofort genervt wieder gehst, wenn ich weiter heule.")*

Und nun stand ich da und hatte ihr einfach vergeben. Mein Kopf denkt, dass du nicht aktiv vergeben kannst.

Es geschah einfach, weil ich mich so intensiv mit meinem Inneren befasst hatte und die volle Verantwortung für meinen inneren Zustand übernahm und übernehme, weil ich genau weiß, dass der Schlüssel zur vollkommenen Heilung immer in uns selbst liegt! Und auf einmal ist da nur noch Raum für Vergebung, auf einmal ist alles leicht, auf einmal hörst du auf, irgendwo in dir einen tiefen Groll gegen Menschen zu haben und dich in der Verdrängung oder der Opferrolle zu suhlen.

Ich kam dann tatsächlich völlig unerwartet nach drei Monaten schon zurück aus Indien. Das Leben bestätigte mir mal wieder, wie unsinnig es ist Pläne zu machen. Gib dich dem Fluss des Lebens hin, vertraue und mache jeden Tag das, was gerade ansteht. Ich hatte erkannt, dass ich auch in meinem geliebten Indien, das so lange nach mir gerufen hatte, in völliger Reizüberflutung niederliegen kann. Nach zehn Wochen spürte ich in mir, dass es schön sein würde, bald wieder NACH HAUSE zu fliegen. Ich hatte zum ersten Mal in meinem Inneren das Gefühl, mich auf zu Hause zu freuen. Ich merkte, dass da Menschen waren, die auf mich warteten. Ich merkte, dass ich eine Familie habe, die mich sehr liebt und die ich sehr liebe.

Ich hatte verstanden, dass ich einen Auftrag in Deutschland habe. Deutschland braucht Menschen wie mich! Ich bin von Natur aus so voller Freude, Liebe und Energie, unserer Gesellschaft fehlt es an Bewusstsein! Wenn ich das heute wahrnehme, gibt es keinen Groll oder Hass mehr in mir den Menschen gegenüber. Eine Stimme in mir sagt: "Los geht`s!" Im Landeanflug sah ich Deutschland mit völlig neuen Augen. Zum ersten Mal betete ich nicht mehr innerlich, der Flieger möge einfach wieder hochziehen, mich wegbringen, zurück nach irgendwo (weit weg von mir selbst!). Ich hatte zum ersten

Mal das Gefühl, in meiner Heimat zu landen, nach Hause zu kommen, „Deutsche" zu sein, obwohl ich den Begriff der Nationalitäten völlig schwachsinnig finde, ein Konstrukt des menschlichen Egos! Wir sind Menschen! Ich liebe den nach meinem Kenntnisstand von Daniele Ganser geprägten Begriff der „Menschheitsfamilie". Es ist kein Begriff, es ist die Wahrheit!

Meine Mama liebt es zu nähen. Als ich landete, hatte ich wunderschöne Saristoffe im Gepäck. Ich rief meine Mama an und brachte ihr die Stoffe. Sie war völlig überwältigt. Sie gestand mir, dass sie vor meinem Abflug überlegt hatte, mich zu fragen, ob ich ihr Saristoffe mitbringen könne, doch sie hatte es nicht getan. Und ich sagte ihr: „Willkommen in meiner Welt, so funktioniert das Leben, alles ist Energie, du kannst alles beim Universum bestellen, alles was du bestellst, kommt zu dir!"

Ich weiß nicht, ob sie verstand, was ich sagte. Das ist auch nicht wichtig. Es ist etwas, das ich so tief in mir verstanden habe. Vielen Menschen fehlt der Zugang dazu, sie machen sich ihr Leben damit unglaublich schwer. Mein Leben wird einfach immer leichter. Manche Menschen halten mich für mutig. Für mich ist es kein Mut, für mich ist es Wahrhaftigkeit! Sei ehrlich zu dir selbst, dann kannst du auch ehrlich zu deinen Mitmenschen sein. Das macht alles leichter, wenn du dich getraut hast, den ganzen angesammelten Schmerz bewusst zu fühlen. An dem Abend, als ich meiner Mama ihre Saristoffe brachte, hatten wir das beste Gespräch unseres Lebens. Ich hatte ihr vergeben, gleichzeitig wusste ich, dass es gar nichts zu vergeben gibt. Sie trägt keine Schuld. Sie hat ihr Bestes gegeben und ihr Bestes war für mich oft die Hölle.

Und irgendwo in Indien hatte ich plötzlich die Liebe zu meiner Mama wiederentdeckt. Ich fühle heute so tief in mir, dass ich meine Mama von ganzem Herzen liebe und habe mehr als akzeptiert, dass sie meine Mama ist. Das hatte ich vor ein paar Monaten in der Tiefe noch nicht. Ich bin dankbar für genau diese Mama. Auf einmal wurde alles so leicht. Zum ersten Mal seit vielen Jahren sah ich kein Monster mehr vor mir, keine Fratze mehr. Ich konnte sie wahrhaft und in Liebe umarmen und plötzlich sah ich Weichheit, ihren Schmerz und ihre Wut, aber vor allem ihre Weichheit, ihre Liebe und ihre Verletzlichkeit.

Es gibt nichts Heiligeres als eine Mama. Deine Mama hat dich getragen, deine Mama hat dich zur Welt gebracht, deine Mama liebt dich immer! Nur Frauen können eine weitere Seele in sich tragen und sie zur Welt bringen. Das ist die große Heiligkeit der Weiblichkeit. Das sagte der Ashrambesitzer Navendu zu mir im indischen Dschungel. Mama, du bist meine Mama, ich möchte keine andere mehr! Ich liebe dich und habe dir alles vergeben, auch wenn es auf Seelenebene gar nichts zu vergeben gibt. Auf menschlicher Ebene ist es wichtig, weil dich sonst die Energie des Nichtvergebens krank macht und auslaugt, dich in deiner Opferrolle gefangen hält.

Liebe Mama, du hast mich in dir getragen (*Wow, in meinen Tagebucheintrag steht nicht dieser Satz, dort schrieb ich völlig unbewusst: „Du hast dich in mir getragen!" Mama, ich trage dich jetzt nicht mehr! Du musst deine Hausaufgaben selbst machen.*) und mir das Leben geschenkt und du hast dein Bestes gegeben und ich sage ganz offen und ehrlich, dass dein Bestes die meiste Zeit für mich die Hölle war und gleichzeitig lasse ich die Opferrolle in mir los, denn das kleine verletzte Kind in mir schreit danach, jetzt endlich ganz heil zu sein. Ich erlaube mir jetzt, ganz gesund zu sein. Der Schlüssel in mir liegt in greifbarer Nähe. Er war die ganze Zeit da. Ich ergreife ihn jetzt und bin heil. Es ist Zeit, nach Hause zu kommen. Ich bin jetzt bereit dazu!

Für meine geliebte Mama
Im September 2024

Partnerschaft

Und auf einmal brauchst du keine Liebe mehr von außen! Wenn du ganz bei dir angekommen bist, dann lösen sich dieses ganze Drama und all die Verstrickungen auf. Dann ist da nur noch Raum für Schönheit, Liebe und Wahrhaftigkeit, den du, wenn du möchtest, mit einem wunderbaren Partner von Zeit zu Zeit teilen kannst, um gemeinsam die Schönheit des Lebens zu bestaunen.

Ein „JA" zu uns selbst, ist das größte Geschenk, das wir uns selbst schenken können. Und ein deutliches „NEIN" allen Menschen gegenüber, die diesem „JA" im Wege stehen. Und wenn ein Mensch weise genug ist, dann erkennt er in diesem „NEIN" das Geschenk seines Lebens, denn er hat vielleicht verlernt „NEIN" zu anderen zu sagen und „JA" zu sich selbst. Und plötzlich wird dieses zunächst scheinbar sehr schmerzhafte „NEIN" des anderen zu einem der wichtigsten Worte auf dem Lebensweg des eigenen Wachstums!

Für Mihail
Im September 2024

Tante sein

Tante sein ist einfach. Mama sein ist die Königsdisziplin! Egal wie wenig Kraft du hast, egal was du gerade zu verarbeiten hast, da sind immer deine Kinder, die ein Anrecht haben auf ihren Raum, gefüllt mit Liebe und Frieden. Papas machen es sich oft sehr leicht, auch wenn Papas sicher nicht leicht tragen. Papas gehen eher als eine Mama. Es gehört zur Rolle der Mama da zu bleiben, durchzuhalten, egal wie groß die eigene Not gerade ist. Das Nest zu hüten und zu wärmen, egal wie viel Kälte ihr um die Ohren schlägt. Papas bauen das Nest, sind Versorger, kümmern sich um das Außen, die „materielle Sicherheit". Das liegt in ihrer Rolle. Es ist nicht weniger wichtig, aber ganz anders.

Wo nehmen Mamas diese Kraft her? Mamas brauchen Hilfe, wenn ihnen die Kraft ausgeht. Vielleicht in Form einer Tante, die die Kinder für ein paar Stunden übernimmt oder einen Tag, damit mehr Raum für die Mama entsteht. Eine Tante, die die Kinder mit Liebe umhüllt, so lange, bis ihre Mama es wieder kann. Eine Tante, die mit den Kindern lacht, weil Mama vielleicht gerade keine Kraft zum Lachen hat. Eine Tante, die den Kindern sagt, dass ihre Mama sie unendlich liebt, dass es ihr aber gerade einfach an Kraft fehlt. Eine Tante, die den Kindern sagt, dass sie trotzdem nicht für das Glück ihrer Mama verantwortlich sind, es ist Mamas Hausaufgabe, wieder zu Kräften zu kommen. Eine Tante, die den Kindern sagt, dass wenn es ganz schlimm wird, sie sich abgrenzen dürfen, sagen dürfen: „Mama, wenn du so bist, dann möchte ich nicht mit dir sein, ich gehe in mein Zimmer, bis du wieder anders bist." Eine Tante, die den Kindern sagt, dass es trotz allem nichts Heiligeres als eine Mama gibt, denn ihre Mama trug sie in ihrem Bauch, nährte sie von der ersten Sekunde an, schenkte ihnen das Leben. Kinder brauchen jemanden der ihnen sagt, dass sie trotzdem gerade alles scheiße finden dürfen, dass jedes Gefühl da sein darf und gefühlt werden möchte, dass das, was Zuhause gerade los ist, nicht in Ordnung ist auf menschlicher Ebene. Es macht Kindern Angst, es verunsichert sie, es alarmiert ihren Überlebensmodus! Doch Kinder haben das Recht zu leben, nicht nur zu überleben. Kinder haben das Recht, in Liebe und beschützt aufzuwachsen, und wenn einer Mama die Kraft ausgeht, dann braucht sie liebevolle Hilfe.

Mamas brauchen Menschen, die hinschauen. Menschen neigen dazu, wegzuschauen. Schau hin, sprich es aus, auch wenn Mamas ohne Kraft es gerade vielleicht nicht hören wollen. Doch im Herzen wissen sie, dass es gut so ist, denn es ist das Herz einer Mama.

Tante sein ist vielleicht doch nicht so leicht, wie ich zu Beginn dachte. Eine Tante muss bereit sein hinzuschauen, ganz achtsam und bereit sein, unglaublich zu nerven, es anzusprechen. Ja, auch Tanten haben es manchmal schwer, doch sicher niemals so schwer wie eine Mama. Doch das gehört zum Mamasein dazu. Du hast dich dazu entschieden, als du entschieden hast, Mama zu werden.

Sag mir Bescheid, wenn ich etwas für dich tun kann. Ich bin die nervige Tante und ich nehme meinen Auftrag sehr ernst.

Für Steffi
Im September 2024

Krafttiere

Eine frühere Freundin sprach manchmal von Krafttieren. Ich hatte den Begriff bis damals nie gehört. Inzwischen schaue ich häufig im Internet, wenn mir ein Tier in einer irgendwie ungewöhnlichen Weise begegnet. Eben krabbelte plötzlich ein Tausendfüßler in meinem Bad. Ich weiß nicht, wann ich zuletzt einen sah. Bemerke, wenn du möchtest, die Krafttiere, die dir begegnen, und lies nach, was sie dir sagen wollen. Es ist ein spannendes Vergnügen, finde ich.

Für die Tiere dieser Welt
Im Oktober 2024

Das intergalaktische Café

Ein früherer Freund sprach damals oft mit seinen Kindern über das intergalaktische Café. Ich fand es immer amüsant zuzuhören, ich mochte die Art, Kindern die Welt so zu erklären. Gestern überkam mich plötzlich die Energie des intergalaktischen Cafés: Ich war mit meinem Lieblingsmenschen verabredet. Wir waren seit mehr als zwei Monaten nicht mehr verabredet gewesen und hatten uns im vergangenen Jahr so manches Drama geboten. Plötzlich fragte er, ob ich Lust hätte, zu ihm zu kommen? Ich sagte zu. Ich stand nun in meiner Wohnung und mein Kopf dachte: „Jeanette, meide Drama und Sex!" Ich manifestierte „Entspannte Nähe!" Also zog ich den längsten und weitesten Pullover an, den mein Kleiderschrank zu bieten hatte, wusste jedoch genau, dass auch dieser mich nicht retten würde, wenn ich meine Lektion noch nicht gelernt hätte.

Ich sah das intergalaktische Café vor mir, dort wurde folgendes gesprochen: „Oh, ja, interessant, Jeanette schreibt jetzt weise Texte, schreibt über das Leben, über das, was sie glaubt, verstanden zu haben, das wollen wir doch mal prüfen. Wer eignet sich dafür? Oh, ja, natürlich ihr Lieblingsmensch, bringen wir ihn doch nochmal aufs Spielfeld, herrlich, mal sehen, wie weit sie ist."

Mutig zog ich los, völlig im Bewusstsein der heutigen Prüfung der Schule des Lebens. Alles war wunderbar, entspannt, frei und schön. Als ich am Morgen in meinem eigenen Bett aufwachte, hörte ich den Jubel im intergalaktischen Café: „Prüfung mit Bravour gemeistert!" Und in meiner Freude sprach eine leise und weise Stimme zu mir, die einen Hauch spirituellen Hochmuts roch: „Jeanette, bleibe achtsam und demütig. Wir behalten dich im Auge. Ruh dich jetzt schön aus, wir schauen

uns in der Zeit mal weiter um, wen es sonst noch zu prüfen gilt."

Für alle, die für Wachstum bereit sind
Im Oktober 2024

Auf die innere Stimme hören

Rückblickend war diese weise, innere Stimme eigentlich schon immer da. Meine Konditionierungen und Erfahrungen hatten mich sehr weit weg von ihr geführt. Ich hatte oft den Bezug zu ihr verloren, habe nicht auf sie gehört. Manche Dinge wusste ich schon Jahre im Voraus, manche Monate, manche Tage, manche genau in diesem Moment. Ich habe wieder gelernt, ihr besser zuzuhören, sie zu achten und zu meinem tiefen Wissen zu stehen. Ich weiß nicht, ob jeder diese weise Stimme in sich trägt oder ob sie nur manchen Menschen geschenkt wird. Mir wurde auf verschiedenen Kanälen bereits mitgeteilt, dass ich „das Schwert der Wahrheit" in mir trage. Es ist ein schönes Schwert. Ich musste lernen, damit umzugehen. Es gelingt mir immer besser.

Für die Wahrheit
Im Oktober 2024

Querdenker

Der Erfinder der Glühbirne war mit Sicherheit ein Querdenker. Der Erfinder des Autos ebenso. Wer sagte zum ersten Mal, dass die Erde keine Scheibe ist? Mit Sicherheit ein Querdenker. Wie viele Menschen wurden aufgrund dieser Aussage als Ketzer verbrannt? Ich weiß es nicht. Albert Einstein dachte mit Sicherheit auch eher quer.

Es sind die Querdenker, die die Welt voranbringen. Es sind die Querdenker, die den Mut und die Weisheit haben anders zu denken. Im Jahr 2020 wurde das Wort Querdenker plötzlich zum Schimpfwort.

Ich bin ein Querdenker, war es schon immer, auch im Jahr 2020 dachte ich quer und habe bis heute nicht damit aufgehört, werde es wohl nie tun.

Ich fuhr am ersten August 2020 zur großen Querdenkerdemo. Wir demonstrierten gegen die Unsinnigkeit der Coronamaßnahmen. Auf meinem kleinen Schild stand: „Für geöffnete Schulen und eine gesunde Bildung!"

Mein damaliger Freund fragte mich, warum ich nach Berlin fahren wolle. Ich sagte ihm, dass ich einfach spüre, dass ich dort hin muss. Mehr wisse ich nicht. Er fragte, was ich dort wolle. Ich sagte: „Es mir ansehen, gucken, was da los ist." Auf der Fahrt nach Berlin wusste ich, dass dieser Tag historisch sein würde und es wichtig war, diesen Tag zu erleben. Heute weiß ich, wie recht meine innere Stimme damit hatte. Mein Freund verstand nicht, was ich sagte, wollte aber nicht, dass ich alleine nach Berlin fahre, also fuhr er mit.

Am Tag der Großdemo reihten wir uns im Demozug ein. Gleich sollte es losgehen. Es ging aber nicht los, zumindest nicht so, wie ich es erwartet hätte. Es war sehr heiß, ich mag Hitze, daher störte es mich nicht großartig.

Aber nicht jeder verträgt Hitze. Es war sehr heiß und nun standen wird dort. Wir durften nicht losgehen. Unglaublich viele Menschen und Hitze. Rückblickend ein guter Schachzug der Politik, aber erfolglos, denn die Menge blieb geduldig und wartete. Wir nutzen die Zeit für Späße und ich hatte Zeit, die Menschen zu beobachten. Es waren Menschen jeden Alters, auch viele Kinder. Ich habe gerade mein Fotobuch aufgeschlagen, ich zitiere nun die von mir fotografierten Demoplakate und -schilder:

„Die Bürger werden eines Tages nicht nur die Worte und Taten der Politiker zu bereuen haben, sondern auch das furchtbare Schweigen der Mehrheit. B. Brecht"

„Je freier man atmet, desto mehr lebt man. T. Fontane"

„Eure Politik ist ungesund für uns alle!"

„Wir sind die Mücke im Schlafzimmer der Politik."

„Freiheit für Kunst, Musik, Theater"

„Die Masken fallen"

Ein Mann ist als Tod verkleidet und trägt das Schild „Impfen ist gesund, vertraut MIR"

„Wenn Unrecht zu Recht wird, wird Widerstand zur Pflicht!"

„Wenn du denkst, es geht nicht blöder, kommt ein Satz von Markus Söder"

„Schwache Sinne akzeptieren den größten Unsinn"

„Niemand hat das Recht zu gehorchen. H. Arendt"

„Schluss mit Lug und Trug! Mut zur Wahrheit!"

„Tracking – Zwangstests – Zwangsimpfung – Gesundheits-IDs – Bargeld weg"

„Freiheit statt Willkür"

„Wer in einer Demokratie schläft, wacht in einer Diktatur auf"

„Informiere dich selbst! Das Staatsfernsehen tut es nämlich nicht!"

„Coronaimpfung??? Das ist Volksverblödung, Verbrechen gegen die Menschlichkeit und Menschenversuch in einem!"

„Nie wieder Krieg, Faschismus und Diktatur – Hier keine Bühne für AFD, Pegida, Nazis... Gib Rassismus keine Chance" geschmückt mit zwei Friedenstauben

„Impfung können wir uns SPAHN"

„Glaubt nicht den Politikern"

„Freiheit für unsere Kinder"

„Schützt unsere Kinder"

„Isolation gelungen, Risikogruppe tot"

„@ Deutsche Medien: Hört auf, kritische Bürger und Versammlungen als „rechts" zu diffamieren!"

„Eine Stoffmaske schützt gegen Viren ungefähr so, wie ein Maschendrahtzaun gegen Mücken"

„Ich gehe mit meinem Land durch dick und dünn. Aber nicht durch dumm und dümmer"

Irgendwann durften wir losgehen. Ich bin hochsensibel, ich spüre die Energien in meinem Umfeld in besonderem Maße. Als wir durch Berlin zogen, wurde ich von einer so friedlichen und hochschwingenden Energie getragen! Diese Menschen waren nach Berlin gekommen, um Gesicht zu zeigen, um zu sagen, dass das, was gerade in Deutschland passierte, nicht in Ordnung ist! Ich habe so etwas noch nie erlebt, es ist mit Worten kaum zu beschreiben.

Wir zogen durch die Straßen, Menschen schauten aus den Fenstern. Wir winkten ihnen zu. Zwischendurch zeigten uns ein paar Menschen in Antifaverkleidung den Mittelfinger. Auf ihren Bannern stand „Solidarität". Einer von ihnen begann zu brüllen: „Nazis raus, Nazis raus" und ich werde nie vergessen, wie der ganze Querdenkerdemozug miteinstimmte, wie die Stimmen unglaublich vieler Menschen von den Hauswänden widerhallten. Die „Omas gegen rechts" waren auch da. Ich musste so lachen. Ich dachte: „Die haben sich doch in der Veranstaltung geirrt!" Wir zogen weiter, friedlich, getragen von hochschwingender Energie. Eine bunte Mischung des deutschen Volkes hatte sich hier versammelt. Auch Menschen anderer Nationen waren da. Hier kam die Menschheitsfamilie zusammen.

Zwischendurch blockierten Polizisten unseren Weg. Sie riegelten ab. Dann öffneten sie wieder. Kurz bevor der Demozug zur Straße des 17. Juni kam versperrten uns Polizisten plötzlich den Weg. Ich stand ganz vorne. Ihre Energie war so unlogisch, sie passte nicht ins Feld. Es gab keinen ersichtlichen Grund, dies zu tun. Eine friedliche Menge wurde einfach daran gehindert weiterzugehen. Wir ließen es über uns ergehen, irgendwann öffneten sie wieder, als sei nichts gewesen, es ergab keinen Sinn, ich verstand es nicht. Später verstand ich es, später wurde darüber diskutiert, wie viele Menschen an diesem Tag da waren. Die öffentlichen Medien stützten ihre eher niedrig angesetzte Demonstrantenzahl mit Bildern der nicht vollen Straße des 17. Juni. Ich dachte nur: „Verrückt! Zum Glück war ich da! Ich stand dort direkt an der Abriegelung und sah den vorderen Teil des Demozuges weggehen. Wir folgten später. Hätte man uns ungehindert gehen lassen, hätte es Bilder gegeben, die eine volle Straße des 17. Juni zeigen. Vielleicht liege ich falsch. Vielleicht gibt es eine andere Erklärung für die Abriegelungen, vielleicht war die Passage auch einfach zu eng und die Polizisten sorgten sich um unsere Sicherheit. (Während ich das schreibe weiß ich nicht, ob ich lachen soll, oder es denkbar ist.)

Als wir durften zogen wir weiter zum Versammlungsplatz. Ein Polizeiwagen zeigte „überfüllt" an. Wir verteilten uns fröhlich und friedlich mit Decken im Park. Ich beobachtete. Auf der Bühne wurde meditiert. Die Versammlung sollte aufgelöst werden. Wir wollten irgendwann vom Gelände runter, wir durften raus, später aber nicht mehr rein. Später im Internet sah ich mir an, wie friedliche Menschen weggeschleppt wurden. Man durfte sich kein Wasser kaufen gehen und dann zurück aufs Gelände an diesem sehr heißen Tag.

Warum es wichtig war, an diesem Tag in Berlin gewesen zu sein, verstand ich erst später, ich hatte ja keine Ahnung, was noch alles folgen sollte. Wir gingen völlig beflügelt zurück ins Hotel, nichtsahnend. Am nächsten Tag kaufte mein damaliger Freund an einer Tankstelle eine Zeitung. Er hatte die Eingebung, dass es doch sehr wichtig sei, an diesem Tag mal einen Blick in Zeitungen zu werfen. Wir lasen, was dort zu lesen war. Zunächst fand ich es noch lustig, es hatte nichts mit dem zu tun, was wir erlebt hatten. Doch nach und nach verging mir das Lachen, denn ich hatte verstanden, dass wir ein ganz großes Problem in unserem Land haben.

Für alle, die am 1. August 2020 in Berlin waren
Im Oktober 2024

Hochsensibilität

Ich bin hochsensibel. Ich las in **„Zart besaitet"** von Georg Parlow darüber, als ich etwa 30 Jahre alt war. Diese Erkenntnis brachte mir so viel Heilung, so viel Segen, es machte alles viel leichter! Ich liebe die Stille, denn ich habe ein sehr feines Gehör. Ich liebe harmonische Musik, bin sehr musikalisch. Ich liebe gute Düfte, denn ich habe einen sehr feinen Geruchssinn. Ich spüre, wenn mich jemand belügt, manchmal nicht direkt, es taucht plötzlich Stunden oder Tage später vor meinem Geist ganz logisch auf. Ich kaufe nicht gerne neue Kleidung, die meiste Kleidung zwickt oder zwackt oder kratzt. Wenn ich mich in einem Kleidungsstück wohlfühle, trage ich es oft bis es zerfällt. An Unterwäsche trage ich in der Regel immer die gleichen Modelle, ich habe Unterhosen, Socken und BHs mehrfach, immer die gleichen. Ich liebe gesundes Essen, ungesundes Essen bereitet mir Schmerzen in meinem Körper. Gleichzeitig ist ungesundes Essen in Form von Zucker, Weizen und Fett im Zustand der Überreizung der schnellste Energielieferant. Am besten ist es für mich jedoch, wenn ich vegan, weizen- und zuckerfrei esse. Wenn ich Essen vom Chinesen esse, fühle ich mich am nächsten Tag als hätte ich einen Kater, Glutamat vertrage ich gar nicht. Alkohol setzt mir sofort zu, ich trinke keinen. Koffein knallt mir direkt in den Kopf, das kann recht lustig sein für meine Mitmenschen, gepaart mit Zucker bin ich wie auf Drogen, werde völlig albern. Wenn ich einen Raum betrete, spüre ich alle Energien der Menschen. Ich spüre, wer traurig ist, ich spüre, wer wütend ist, ich spüre, wer aufgesetzt ist, ich spüre, wer eine Maske trägt, ich spüre, wer mit wem Sex hat, obwohl er eigentlich mit einer anderen Person im Raum verheiratet ist. Als ich noch Lehrerin war, sah ich im Energiefeld von Kindern, wenn etwas nicht in Ordnung war. Ich fragte, ob alles okay sei, sie sagten, es sei alles in Ordnung. Am nächsten Tag waren sie in der Regel krank.

Rauch kann ich nicht ertragen. Ich bekomme Schmerzen in den Atemwegen, muss duschen, wenn jemand in meiner Nähe geraucht hat, mein Körper fühlt sich sonst an, wie unter einer klebrigen Glocke. Ich mag es lieber zu warm als zu kalt. Kälte bereitet mir schnell Schmerzen. Eine Raumtemperatur, in der ich mich wohlfühle, ist oft schwer für mich zu erreichen. Ich drehe die Heizung etwas höher, etwas niedriger, lüfte, mache das Fenster wieder zu, in täglicher Dauerschleife. Ich habe noch nicht gelernt, fremde Energien einfach durch mich durch fließen zu lassen, es ist mein Wunsch, es irgendwann zu können, ich weiß nicht, ob das möglich ist. Ich habe ein feines Gespür für Farben und Symmetrie. Ein nicht harmonisch eingerichteter Raum bereitet mir Unwohlsein. Manchmal tut es mir in den Augen weh. Ich muss viel Wasser trinken. Kohlensäure zu trinken ist einfach total krass für mich. Ich meide sie in der Regel.

Ich liebe Essen, es gibt einen Anteil in mir, der immer Sorge hat zu verhungern. Und zu erfrieren. Ich liebe die Schönheit des Lebens. Bin ich in einer schönen Umgebung, ist es für mich wie ein Bad in Schönheit. Daher liebe ich auch die Arbeit in einem wunderschönen Café. Ich liebe es, Service zu sein und Freude zu verbreiten. Dies kann ich jedoch höchstens dreieinhalb Tage, dann bin ich von allen Eindrücken derart reizüberflutet, dass ich mich völlig zurückziehen muss. Ich brauche sehr viel Schlaf. Am besten ist es für mich gegen 21 Uhr schlafen zu gehen und dann so lange zu schlafen, bis ich von alleine aufwache. Wenn ich mich selbst übergangen habe und mich zu vielen Reizen ausgesetzt habe, dann rauscht mein ganzer Kopf, gehe ich weiter über meine Grenzen, schmerzt mein ganzer Körper. Ich bin dann wie ein quengeliges, übermüdetes Kleinkind, das zu müde zum Einschlafen ist. Ich jammere dann, gebe quakende Geräusche von mir, weil so viel Energie in meinen Zellen ist und ich nicht weiß wohin damit. Schlafe ich in einem überreizten Zustand ein, wache ich oft mitten in der Nacht in diesem Quengelzustand auf. Wer so etwas nicht kennt und zum ersten Mal erlebt, kann mich dann für völlig bekloppt halten.

Es gibt in mir einen unglaublich naiven Anteil. Dieser Anteil ist nicht in der Lage zu glauben, dass Menschen zu wirklich bösen Dingen in der Lage sind, heute nenne ich es nicht mehr böse, sondern unbewusst. In meinem Wesen ist nichts Böses angelegt. Ich durfte lernen, diesen naiven Anteil zu integrieren. Smalltalk liegt mir nicht, wirklich gar nicht! Bevor ich Smalltalk betreibe, schweige ich lieber.

Ich sehe was nötig ist, damit alles rund läuft, die Kleinigkeiten, die den Gesamtprozess behindern, die ich versuche zu vermeiden. Ich sehe die Probleme schon, bevor sie entstehen und kann sie dadurch umschiffen. Damit habe ich mein Umfeld oft genervt, mir wurde eine Oberlehrerart unterstellt, die mir völlig fern liegt, kann aber verstehen, warum es so wirkte. Damit nerve ich auch die Aushilfen im Café, die weniger einen Blick dafür haben, manchmal sehr, doch da dürfen sie durch, eben damit es rundläuft. Ich habe ein tiefes Interesse daran, dass unser Team rundläuft, wie viele kleine Zahnrädchen, die ineinanderlaufen. Ich weiß, dass ich als Zahnrädchen jedoch auch eine Herausforderung bin, weil ich sehr schnell laufe, das kann die anderen aus der Puste bringen. Gleichzeitig habe ich verstanden, dass es nur zusammen geht, jedes Zahnrad ist wichtig. Keins ist bedeutender als ein anderes, es geht nur gemeinsam. Und ein langsames, unkonzentriertes oder plauderndes Zahnrädchen kann den ganzen Laden lahmlegen, ohne es zu merken. Die Energie eines Teams ist unglaublich spannend, als Hochsensible manchmal sehr anstrengend für mich und manchmal unglaublich schön, eben wenn`s rundläuft. Der Flow eines Teams ist zauberhaft! Sand im Getriebe ist für mich eine Qual, ich sehe diese Momente dann immer als Gelassenheitsübung, immer öfter gelingt es mir, mich einfach durchzuatmen und freundlich zu artikulieren, was gerade in meinen Augen wichtig ist.

Wenn ich hungrig bin, werde ich zum Monster. Ich habe jeden meiner Partner diesbezüglich vorgewarnt, verstanden hat es keiner von ihnen, bis sie es erlebten. Manche hatten die Idee, immer einen Keks in der Tasche zu haben, für den Notfall. Einer meiner Partner sagte einmal zu der Dame hinter der Kuchentheke, die verkaufsfördernde Fragen stellte, als ich wirklich sehr sehr hungrig war: „Geben Sie der Frau einfach was sie will, sonst fehlt Ihnen oder mir gleich eine Hand!"

Am liebsten schlafe ich alleine. Jede Nacht im Energiefeld eines anderen zu schlafen treibt mich in den Wahnsinn. Es ist für keinen Menschen sinnvoll, für mich im Besonderen. Ich kann mich dann nicht erholen. Wenn mein Partner neben mir schlecht schläft oder Albträume hat, schlafe ich neben ihm komplett durch und bin am nächsten Morgen dennoch völlig fertig.

Ich schlafe wie ein Stein. Ich mag keinen Wind, die Luft bereitet mir schnell Schmerzen. Ich trage Ohrenschützer, wenn alle anderen denken, dass es dafür noch viel zu warm ist. Ich laufe gerne ohne Schuhe. Bequeme Schuhe zu finden ist schwer für mich. Wenn ich Socken anhatte, sie ausziehe und dann wieder anziehe macht es mich verrückt, wenn ich die Socken an den Füßen vertausche, weil sie vom vorherigen Tragen vorgeformt sind.

Für mein Wohlbefinden bin ich in besonderem Maße auf ein harmonisches Umfeld angewiesen. Überreizung in Gesellschaft kompensiere ich mit Essen. Menschen fragen mich oft, wie ich so schlank sein kann, obwohl ich solche Mengen esse. Manche Menschen kennen mich nur in Gesellschaft, sie kennen mich also nur essend. In Gesellschaft esse ich manchmal unglaublich viel! Es muss aber keine große Gesellschaft sein. Verbringe ich meine Zeit auch nur mit einem Menschen, der eher unbewusst ist, bin ich danach völlig fertig.

Ich erhöhe in einem Raum automatisch den Energielevel, das mögen Menschen, sehr unbewusste Menschen hassen mich aber auch dafür. Der erhöhte Energielevel geht jedoch zu Lasten meiner eigenen Energie. Ich möchte dann gehen oder kompensiere durch essen, notfalls bis mir schlecht wird. Als Kind war ich immer „zu dick". Mein Körper braucht sehr viel Wasser. Bin ich überreizt, hilft es, sehr viel Wasser zu trinken. Dann muss ich warten, allen Reizen entfliehen, bis mein Körper sich reguliert hat. Das Brummen eines Kühlschrankes und das Rauschen der Dunstabzugshaube treiben mich je nach Frequenz in den Wahnsinn. Ich habe einen besonderen Bezug zu Kindern, denn ich gehe mit ihrer Schönheit und Leichtigkeit in Resonanz. Das Leid der Kinder überfällt mich jedoch genauso, dann auf schmerzhafte Weise.

Ich kann Räume scannen, behalte den Überblick, das ist ein großer Vorteil als Servicekraft. Ich schaue mir nur schöne Filme an. Tauchen Gewalt oder Wunden auf, muss ich wegschauen. Ich weiß nicht, wie oft schon zu mir gesagt wurde: „Es ist doch nur ein Film!" Ich bin unglaublich leistungsfähig, mir ist es möglich, alleine die Arbeit von zwei oder drei Menschen gleichzeitig zu machen, und dies oft schneller und sorgfältiger. Ich kann mich völlig übergehen, die Energie steigt dann in meinem Körper an, ich kann stundenlang arbeiten ohne Pause. Früher verstand ich nicht, warum die anderen ständig eine Pause brauchten, es war doch noch nicht alles erledigt! Ich kann in einen Zustand geraten, da müsste man mir die Beine abhacken, damit ich mich endlich mal setze. Ich war früher oft in diesem Zustand und keiner hackte mir die Beine ab, daher machte ich immer weiter und weiter und weiter.

Ich habe gelernt, mich heute nicht mehr zu übergehen und in diesen Zustand zu katapultieren. Ich kann es heute gut ertragen, wenn etwas nicht perfekt ist. Mein Bruder sagte einmal zu mir, dass das, was ich da beschreibe, irgendwie nach einer Art Autismus klinge. Mein Kopf denkt, dass da etwas Wahres dran ist. Ich musste lernen mit meiner Hochsensibilität umzugehen, sah sie als Last, diese ganze Überreizung. Heute kann ich mich besser abgrenzen und habe das Geschenk darin erkannt:

Ich erlebe alles um ein Vielfaches intensiver. Meide ich das „Unschöne" und umgebe mich bewusst mit den schönen Dingen des Lebens, erlebe ich auch diese um ein Vielfaches intensiver. Oft wandle ich daher im reinsten Paradies auf Erden.

Für alle Hochsensiblen
Im Oktober 2024

Ist es dir zu viel?

Gestern schaute ich mit meinem Lieblingsmenschen einen Film. Er wollte mir danach einen weiteren zeigen und startete diesen. Ich fand ihn lustig. Plötzlich fragte mein Lieblingsmensch: „Jeanette, ist der Film in Ordnung für dich oder ist es dir zu viel?" Ich glaube, das ist die schönste Frage, die mir je gestellt wurde. Ich glaube, mich hat noch nie jemand gefragt, ob mir etwas zu viel sei. Die schönste Frage, die du einem hochsensiblen Menschen stellen kannst ist genau diese! Wenn ein Mensch das fragt, dann hat er verstanden, dass es manchmal für einen hochsensiblen Menschen einfach zu viel ist. Es gibt kein akutes Problem, grundsätzlich kann alles völlig in Ordnung sein, doch für diesen Hochsensiblen ist es einfach gerade viel zu viel. Er braucht dann Ruhe, Reizreduzierung, denn er ist einfach hochsensibel. Er ist nicht zu sensibel, wie oft hören Hochsensible diesen Satz? Er ist einfach hochsensibel und gerade ist es einfach zu viel für ihn.

Für alle, die verstanden haben, was es heißt,
hochsensibel zu sein
Im Oktober 2024

Wege der Erkenntnis

Ich habe vor einigen Jahren das Thema der Endometriose beim Familienstellen aufstellen lassen. Es zeigte mir viel, was ich damals noch nicht begriff und mir in dem Text für meine Mama jetzt wieder begegnete. Ich nahm auch mal an einer schamanischen Schwitzhütte teil. Dort wurde mir gesagt, dass die Fratze meiner Mama das eigene Monster in mir sei. Ich ging damit in Resonanz, begriff jedoch auch dies damals noch nicht in der Tiefe. Heute schon. Es gibt wunderbare Möglichkeiten uns selbst besser zu verstehen. Vielleicht möchtest du eine neue erleben.

Für alle Heiler und Schamanen
Im Oktober 2024

Papas

Was brauchen Papas eigentlich? Ich merke gerade, dass ich es nicht weiß. Ich habe das wunderbare Buch von John Gray „Männer sind anders. Frauen auch." gelesen. Dadurch habe ich vielleicht nochmal mehr über Männer und Frauen gelernt. Die ganze Welt spricht von Emanzipation. Was ist denn mit den Papas? Was braucht ihr? Vielleicht möchte es mir jemand erzählen?

Für alle Papas
Im September 2024

Die beste Kollegin der Welt

Als ich aus Indien zurückkam, hatte ich eine neue Kollegin im Café. Sie ist die beste Kollegin der Welt! Ich erkenne in ihr keinen Hauch Ego. Egal wie fordernd ein Kunde ist, sie antwortet immer völlig gelassen. Wenn eine Aushilfe eine Frage hat, antwortet sie immer geduldig und ruhig. Das darf ich noch lernen. Sie strahlt eine Ruhe aus, in der ich es liebe zu sein. Am liebsten arbeite ich einfach ganz mit ihr allein. Wir sind wie zwei Zahnrädchen, die perfekt ineinander laufen. Wir müssen nicht sprechen, alles fließt völlig harmonisch. Ich liebe es, wenn sie kleine Köstlichkeiten verpackt und sie mit Blumen schmückt. Sie hat einen Sinn für Schönheit. Sie ist von Natur aus einfach schön. Wir haben eine lustige Vorgeschichte, von der ich nichts wusste, die sie mir eines Tages erzählte. Eine ehemalige Mitarbeiterin sagte zu ihr über mich: „Vor der musst du dich in Acht nehmen!" Ich wusste davon nichts, arbeitete die ersten Tage mit meiner neuen Kollegin zusammen und legte ihr eines Tages eine kleine Karte hin. Ich bedankte mich bei ihr, schrieb, dass ich wisse, dass eine Kollegin wie sie keine Selbstverständlichkeit sei.

Sie ist sehr lustig! Ich liebe ihren Humor. Sie hatte vor kurzem zwei Wochen Urlaub, ich direkt im Anschluss drei Wochen. Schon bevor wir unseren Urlaub antraten war uns klar, dass das gar nicht ginge, dass wir uns so viele Wochen nicht sehen. Als sie ihren Urlaub beendet hatte und ich meinen begann, zog es mich sofort wieder ins Café, ich wollte sie unbedingt sehen und umarmen. Wir freuten uns so sehr, als wir uns in die Arme schlossen. Alle meine Kollegen sind wunderbar und diese eine Kollegin ist einfach am aller wunderbarsten!

Sie fragte zu Beginn unserer Zusammenarbeit häufig, wie es mir gehe, ob alles ok sei? Ich sagte ihr, dass diese Frage immer etwas schwierig für mich sei, weil ich immer sehr viel ergründen würde und daher immer eine ganze Menge bei mir los sei, das ist aber unmöglich in ein „gut" oder „alles ok" zu fassen. Sie ist sehr süß, sie fragt das jetzt nicht mehr, sie fragt jetzt anders. Sie fragt zum Beispiel: „Bist du gut in den Tag gestartet?"

Liebe Desiree, wenn du mein Buch irgendwann mal liest, wirst du sicher verstehen, was ich damals meinte, als ich sagte, dass bei mir immer eher ordentlich was los sei.

Hast du nette Kollegen? Falls nicht, solltest du vielleicht den Arbeitsplatz wechseln und gleichzeitig auch bei dir selbst nochmal ganz genau hinschauen.

Für Desiree
Im Oktober 2024

Spaltung

Ich hatte mal eine sehr liebe Freundin. Wir erzählten uns alles, ich vertraute ihr. Wir lachten zusammen und weinten zusammen, sie wusste alles über mich. Nachdem ich am 1. August 2020 von der Demo in Berlin kam, besuchte ich sie. Ich sprudelte über vor Freude, surfte immer noch auf der Welle der unglaublich schönen Energie des erlebten Tages, wollte es mit ihr teilen, sie war es, mit der ich alles teilte, wollte es ihr erzählen, auch meine Verwirrung darüber, was ich einen Tag später in der Zeitung gelesen hatte. Doch an dem Abend war plötzlich alles ganz anders. Ich war völlig verwirrt, als meine Herzfreundin mich fragte, wie ich auf die Schnapsidee gekommen sei, mit Nazis durch Berlin zu laufen?

Wir haben heute keinen Kontakt mehr. Ich wünschte, du wärst an diesem Tag auch in Berlin gewesen. Ich hoffe, es geht dir gut.

Für Alex
Im Oktober 2024

Seelenpartner

Er kommt in dein Leben, ist schon eine Weile da, begegnet dir Woche für Woche, es zieht dich zu ihm, doch du bist noch nicht frei für ihn. Ihr nähert euch an, irgendwann machst du dich ganz frei für ihn, auf jeder Ebene. Ihr seid ein Team, liebt euch, triggert euch, erlebt die beste Zeit eures Lebens.

Du merkst, dass ihr zusammen nicht weiter wachsen könnt, du verlässt ihn, du verlässt ihn ein zweites Mal, brichst ihm das Herz, spürst aber ganz genau, dass du weitergehen musst. Ihr habt lange keinen Kontakt, als die Welt über dir zusammenbricht, möchtest du zu ihm, fährst zu ihm, sprichst mit ihm, merkst, dass du ihm immer vertrauen wirst. Ihr sprecht so vertraut, als hättet ihr gestern zuletzt den ganzen Tag miteinander verbracht.

Sofort ist der Raum wieder in dieses Knistern gehüllt, das euch schon immer umgab, was euch schon immer anzog. Er zeigt dir sein neues Zuhause, du siehst, auf welchen Ebenen er weiter gekommen ist, siehst seinen Schmerz und seine Freude, beides ist da. Du spürst die körperliche Anziehung, das Leben steckt voller Möglichkeiten, entscheidest dich, ihr nicht nachzugehen. Es wäre ein Schritt zurück, es würde deine Weiterentwicklung stören.

Du fährst nach Hause, dankbar über diesen Menschen in deinem Leben, dem du so tief vertraust, dieser Mensch, der dich am besten kennt. Plötzlich erkennst du, dass ihr immer verbunden sein werdet, dass euch nichts trennen kann, auch wenn ihr getrennte Wege geht. Plötzlich erkennst du, dass du diesen Menschen immer lieben wirst, er ein Zuhause für dich ist und du es immer für ihn sein wirst. Und du weinst in Dankbarkeit über diese

Begegnung und bist im tiefen Frieden mit allem, weil du erkannt hast, dass ihr immer verbunden sein werdet.

Für Thorsten
Im September 2024

Hat der Teufel Angst vor mir?

Mein Lieblingsmensch sagte gestern zu mir, dass der Teufel sicher Angst vor mir habe. Ich würde diese Dinge machen, Yoga, sei so im Frieden, in der Ruhe und lebe gesund. Ich fand diesen Gedanken sehr schön. Mein liebendes Herz wünscht dem Teufel natürlich nur das Beste, vielleicht gehört zu seiner Rolle jedoch einfach die Schwingung der Angst. Und wo Angst ist, ist kein Raum für Liebe und ich habe gelernt, mich zu lieben, ja, manchmal noch mit ein paar Stolpersteinen, aber insgesamt betrachtet steht mein Lebenskurs voll auf Liebe und ich spüre, dass mein wahrer Kern, so wie der Kern eines jeden Menschen, pure Liebe ist.

Während ich das schreibe, duftet meine Wohnung nach ätherischen Ölen aus Weihrauch. Ja, das könnte den Teufel durchaus triggern, denkt mein Kopf.

Ich weiß nicht, ob der Teufel Angst vor mir hat. Aber ich weiß, dass ich den Teufel liebe und oh, ja, jetzt spüre ich es, ich glaube, das macht ihm Angst.

In Liebe für das Teuflische in unserer Welt
Im Oktober 2024

Hausaufgaben

Wie oft ist mir in meinem Leben schon das Thema „Hausaufgaben" begegnet. Als Schüler, als Lehrer, als Tante. Immer wieder beobachte ich, wie Erwachsene die Wichtigkeit von Hausaufgaben predigen. Warum tun sie das? Ich glaube, um zu kompensieren, dass sie ihre eigenen jeden Tag versäumen zu machen. Auf einer Schulleiterfortbildung habe ich mal gehört, dass es eine große Studie gibt, die besagt, dass Hausaufgaben nichts bringen. Ich erinnere mich nicht an den Namen der Studie, mache mir nicht die Mühe sie rauszusuchen. Es heißt dort, dass Hausaufgaben nichts bringen, sie schaden jedoch auch nicht. Ich ergänze, dass sie nicht schaden, wenn sie in einem gesunden Umfeld erfolgen. Tja, dann ist die Wahrscheinlichkeit, dass sie schaden, wohl doch eher hoch, denkt mein Kopf. Welches Kind wächst schon in einem wirklich gesunden Umfeld auf?

An alle Eltern, Lehrer, Erzieher, Erwachsene dieser Welt: Hört auf eure Kinder mit Hausaufgaben zu nerven. Begebt euch lieber an eure eigenen, die Hausaufgaben der Schule des Lebens, ich glaube, ihr habt einiges nachzuarbeiten.

Für alle, die es hassen, Hausaufgaben zu machen
Im Oktober 2024

„Der Sturm" auf den Reichstag

Am 29. August 2020 war ich auf der zweiten sehr großen Demo in Berlin gegen die Willkür der Coronamaßnahmen. Auch hier habe ich viele Plakate und Schilder fotografiert. Ich zitiere sie hier:

„Jeder kann friedlich etwas tun, um den korrupten Machtspielchen ein Ende zu setzen – Für eine Welt in Frieden, Freiheit, Gesundheit, Liebe und Wohlergehen, für jeden einzelnen Menschen, der das friedvolle Miteinander mit allen Lebewesen zelebriert."

„Liebe Presse, mal Hand aufs Herz: Glaubt ihr das wirklich selber? PS: Wir sind keine Nazis, nicht verschwurbelt und für unabhängigen Journalismus zahlen wir gerne GEZ."

„Wir sind die 2. Welle"

„Freiheit"

„Für unsere Kinder"

„Feel free to come closer"

„Wir lassen uns nicht zum Schweigen bringen"

„Der größte Schaden entsteht durch die schweigende Mehrheit, die nur überleben will, sich fügt und alles mitmacht. S. Scholl"

„Die Zukunft hängt davon ab, was wir heute tun. M. Gandhi"

„You can`t shutdown freedom"

„Bitte waschen Sie Ihre Hände, Ihr Gehirn waschen wir. ARD ZDF"

„Je weiter sich eine Gesellschaft von der Wahrheit entfernt, desto mehr wird sie jene hassen, die sie aussprechen. G. Orwell"

„Wer die Wahrheit nicht kennt, der ist bloß ein Dummkopf. Aber wer sie weiß und sie eine Lüge nennt, der ist ein Verbrecher. B. Brecht"

„Wir sind gegen jede Form von Gewalt, Unterdrü-
ckung, Extremismus und Rassismus. Unseren Trittbrett-
fahrern wünschen wir einen schönen Tag."

„Pädagogen für Aufklärung"

„Eine Revolution beantragt man nicht beim Ord-
nungsamt"

„Rettet die Kinder"

„Die Welt umarmt sich für soziale Nähe"

„Eltern stehen auf"

„Nach den Coronademos der letzten Wochen: Wo
sind die überfüllten Krankenhäuser?"

„Frieden muss sexy werden"

„Glotze aus! Verstand an!"

„Für die ganze Wahrheit"

„Lehrer für Aufklärung"

„Eigenverantwortung"

„Denke mutig"

„Ich bin ein Querdenker"

Zu Beginn versammelten wir uns am Anfang der ge-
planten Strecke und wollten losgehen. Doch mal wieder
durften wir nicht losgehen. Die Polizei machte Durchsa-
gen, dass Masken zu tragen seien. Auch wurde gesagt,
man solle den vorgeschriebenen Abstand halten. Vorne
baten die Anwälte darum, die Sperrung zu öffnen, da es
bei so vielen Menschen sonst immer schwieriger werde,
Abstand zu halten. Eine Menge, die gegen unwirksame
Masken demonstriert, zu bitten, Masken zu tragen, war
natürlich bei vielen Demonstranten erfolglos. Also wurde
die Sperrung nicht geöffnet. Ich bezweifle, dass die Polizei die Sperrung geöffnet hätte, wenn wir ganz „brav" gewesen wären, kann es aber natürlich nicht wissen. Teilweise begaben sich Demonstranten auf anderen Wegen
zum Veranstaltungsgelände. Ich blieb mit zwei Müttern
meiner Schüler vor Ort. Irgendwann hatte der Demozug

die Idee, eben einfach in die andere Richtung loszumarschieren und setzte sich in Bewegung.

Am Abend zuvor hatten wir uns in einer Ferienwohnung eingefunden. Wir waren ein zusammengewürfelter Haufen, manche kannten sich, manche nicht. Hier begegneten mir zum ersten Mal bewusst Button und Fähnchen in schwarz-rot-weiß. Ich hatte keine Ahnung, was es damit auf sich hatte, ließ es mir aus Sicht der Träger beschreiben und ließ es einfach mal so stehen. In den folgenden Monaten hörte ich immer öfter davon und auch die öffentlichen Medien warnten vor den sogenannten „Reichsbürgern". Privat erfuhr ich, dass Deutschland ein besetztes Land sei, es keinen Friedensvertrag gebe, das Grundgesetz von den Alliierten geschrieben worden sei und es Zeit wäre, dass Deutschland eine eigene Verfassung wähle. Auch das ließ ich einfach mal so stehen, hatte in der Form noch nie davon gehört. Bekannte ließen sich später neue Ausweise machen. Ich fragte, ob sie nun, da sie keinen Personalausweis mehr haben wollen dennoch das Kindergeld vom deutschen Staat nehmen? Sie taten es. Ein anderer ließ sich auch weiterhin seine Rente vom deutschen Staat bezahlen. Menschen, die diese ganze Sache stark vertraten, empfand ich als eher menschenfängerisch und wenig im Frieden. Für mich machten sie den Eindruck eines kleinen, **wütenden** Kindes und es war wütend auf Papa-Staat. Das Pendant dazu sah ich in den Menschen, die die Coronamaßnahmen sehr befürworteten. Auch sie schienen den Frieden in sich noch nicht gefunden zu haben. In ihnen sah ich kleine, **ängstliche** Kinder und sie hofften auf einen Retter, Papa-Staat.

Ich ging weder mit den einen, noch mit den anderen in Resonanz. Die nicht gentherapierten Menschen, die mir begegneten, trugen in der Regel keinen schwarz-weiß-roten Button, es waren einfach Querdenker, Querdenker, die sagten: „Hier ist doch etwas nicht in Ordnung und ich spreche es aus, egal was die anderen darüber denken." Und ich hielt bei allen Begegnungen, welcher Art auch immer, meinen Kurs, war offen, hörte zu, ging weiter meinen Weg des Friedens und der Selbstverantwortung. Gerade denkt mein Kopf: „Falls an dem, was die Menschen mit schwarz-weiß-roten Fähnchen oder Button sagten, etwas Wahres dran ist, dann ist es doch wunderbar, dass sie es aussprechen. Und wenn nichts Wahres dran ist, was soll dann die ganze Aufregung um sie?"

Nun zog ich also das zweite Mal in einem Demozug durch Berlin. Wieder öffnete und versperrte die Polizei rückblickend auf recht amüsante Weise die Wege. Als wir zu dritt durch das Brandenburger Tor kamen, rief irgendjemand, man brauche Hilfe am Reichstag. Ich helfe ja grundsätzlich sehr gerne und dachte: „Das schaue ich mir doch mal an." Vor dem Reichstag stand eine Bühne, die mit der Querdenkerdemo nichts zu tun hatte. Nach meinem Kenntnisstand war es eine regelmäßige und genehmigte Veranstaltung. Ich sah auch einige schwarz-weiß-rote Flaggen. Auch im Demozug waren sie mir neben den Flaggen vieler Länder der Welt aufgefallen. Die Energie an diesem Platz behagte mir nicht. Ich versuchte zu verstehen, worum es überhaupt geht. Keiner konnte es mir verständlich erklären. Irgendwann hatte ich einen der Hauptsprecher vor mir und fragte diesen. Der brüllte mich erst einmal ordentlich an. Ich hatte immer noch nicht verstanden, worum es hier ging, wir hatten aber in der Zwischenzeit beschlossen, dass hier unsere Hilfe wohl doch nicht so gut platziert sei, gingen zurück und zum Veranstaltungsgelände der Querdenkerdemo. Hier durchdrang mich wie bereits am ersten August erfahren ein sehr hoch schwingendes Energiefeld. Es flatterten Flaggen vieler Länder im Wind, es wurde gesungen, es wurden friedliche und sehr interessante Reden gehalten, mit denen ich sehr in Resonanz ging. Die Rede von Robert F. Kennedy Jr. hatte ich verpasst. Ich glaube, er ist auch Berliner. Auf dem Platz war eines meiner Lieblingsplakate, ein, ich schätze, drei Quadratmeter großer Banner, welcher das freundliche Gesicht Mahatma Gandhis zeigte. Irgendwann hieß es, dass auch diese Versammlung aufgelöst werden solle. Unsere Gruppe hatte sich inzwischen wieder zusammengefunden und wir gingen nach einem sehr spannenden Tag zurück in die Ferienwohnung. Ich weiß nicht mehr, wann ich vom „Sturm auf den Reichstag" erfahren habe. Die Frage, ob er inszeniert war oder nicht lasse ich an dieser Stelle einfach mal im Raum stehen.

Ich mache nun einen Sprung zum Weihnachtsfest im Jahr 2020. Im Kreise der Familie meines damaligen Freundes wurden Geschenke geöffnet. Er bekam einen Bildband, das Jahr 2020. Interessiert blätterte ich ihn durch. Und da war er wieder! „Der Sturm" auf den Reichstag! Ich hatte ihn nur knapp verpasst, weil ich mich entschieden hatte, zurück zur Querdenkerdemo zu gehen. Mein Kopf denkt, dass es viel bedeutsamer wäre, die wunderbaren Bilder der beiden großartigen Querdenkerdemos in die Geschichtsbücher einfließen zu lassen, aber leider war ich am Druck der Bildbände und der Geschichtsbücher über das Jahr 2020 bisher nicht beteiligt. Sind die Geschichtsbücher schon alle gedruckt? Falls nicht, möchte ich gerne ein paar Fotos von der Straße des 17. Juni einbringen, die ist doch recht historisch.

Für alle, die am 29. August 2020 in Berlin waren
Im Oktober 2024

Spiritualität

Ich bin in meinem Leben einigen Menschen begegnet, die sich als spirituell bezeichnen. Ich habe ihnen zu Beginn geglaubt, dachte, ich könne etwas von ihnen lernen. Bei den meisten schmolz die angebliche Spiritualität im Alltag aber schnell dahin. Ich beobachtete, dass sie sich für etwas Besseres hielten, wie sie ihre Kinder schlecht behandelten, dass sie sich an ihren angeblichen Seelenpartner klammerten, dass sie im tiefen Groll waren, dass sie gegen irgendetwas hetzten, anstatt für etwas zu sein, dass sie ständig über andere schlecht sprachen, dass sie ständig im Krieg waren und wenn sie dann nicht weiterwussten, predigten sie ein paar spirituelle Phrasen. Die aus meiner Sicht wahrhaft spirituellen Menschen sind oft sehr still und beobachten. Sie können in einem tiefen Frieden aber auch sehr deutlich ihre Worte erheben. Mein Kopf denkt, dass wahrhaft spirituelle Menschen sich selbst nicht als spirituell bezeichnen. Je lauter ein Mensch über seine Spiritualität spricht, desto weniger spirituell ist er vielleicht.

Mein Bruder hat mein Wesen noch nicht verstanden, glaube ich. Er hält mich für die bekloppte Esotante. Sehr liebenswert, aber vor allem ordentlich einen an der Waffel. Ich gestehe ihm dieses Denken über mich zu, es ist ja sein Thema, hat nichts mit mir zu tun.

Bin ich spirituell? Hältst du dich für spirituell? Wie definierst du Spiritualität?

Für alle wahrhaft spirituellen Menschen
Im Oktober 2024

Stolz

Eine liebe Freundin sagte heute zu mir, dass sie stolz auf sich sei. Ich sagte tief aus meinem Inneren, dass ich ihr wünsche, dass sie nie wieder stolz auf sich sein müsse. Sie antwortete, dass es doch schön sei, wenn man stolz auf sich ist, wenn man etwas geschafft hat. Ich sagte, dass ich glaube, dass Kinder, die noch sehr mit ihrem inneren Kern verbunden sind, nicht stolz auf etwas sind. Sie sind voller Freude. Ich beobachte oft Kinder, sie sind präsent, sie freuen sich einfach. Doch die meisten Erwachsenen haben verlernt sich ganz ehrlich über etwas zu freuen. Kinder sind voller Freude bis sie konditioniert werden, etwas leisten zu müssen, etwas gut machen zu müssen, damit der Papa, die Mama, wer auch immer, stolz sein kann. Sie lernen, wenn ich mich so verhalte, dann bekomme ich eine Reaktion, dann ist jemand stolz auf mich. Ich beobachte, dass Kindern, wenn der erste Rausch darüber, ein Kind zu haben, verflogen ist, oft kaum noch liebevolle, bedingungslose Aufmerksamkeit geschenkt wird. Mein Kopf denkt, dass es die Sprache des unbewussten Egos ist, auf jemanden oder sich selbst stolz zu sein. Darum wünsche ich meiner Freundin, dass sie nie wieder stolz auf sich sein muss, ich wünsche ihr, dass sie sich einfach von Herzen freut.

Für alle Menschen, die sich ehrlich freuen können
Im Oktober 2024

Raum für Schönheit schaffen

Ich habe einen sehr lieben Wegbegleiter. Wir kennen uns seit ein paar Jahren, sind im gleichen Alter, halten/ hielten beide Ausschau nach dem Partner fürs Leben. Wir mögen uns sehr, haben manchmal eine so wunderschöne Ebene zusammen, ein Wohlfühlen ohne Worte. Wir trafen uns manchmal als Freunde, energetisch stand irgendwie auch die Frage einer etwaigen Partnerschaft im Raum, wir haben es manchmal direkt angesprochen. Doch manchmal sind wir uns unglaublich fern.

Ich habe mich getäuscht, wusste nicht, dass die Ferne überwiegt. Mein Herz ist auch schon an meinen Lieblingsmenschen vergeben, mein Herz war bei allen Treffen letztendlich nicht frei. Aber das Universum hat angeklopft und die Frage in den Raum gestellt. Ich mag diesen Wegbegleiter sehr, doch wir sind uns einfach zu fern. Im Nachklang unserer Treffen war ich immer völlig ausgelaugt, fuhr aber wieder hin, weil es auch diese Schönheit gibt, aber wir sind nicht auf dem gleichen Level, wir sind nicht kompatibel, gerade nicht einmal als Freunde, die sich treffen, plaudern, einen Film zusammen schauen. Ich habe das Gefühl, dass die Unbewusstheit meines Wegbegleiters zu viel Raum einnimmt, sie lässt nicht genug Raum für die Schönheit. Ich habe das Gefühl, dass seine Unbewusstheit manchmal aus ihm rausschreit, sie schreit meine Bewusstheit an, fühlt sich getriggert. Ich schrieb ihm, ich wolle mich aktuell nicht treffen, ich sei nicht kompatibel. Ich habe in meinem heiligen Raum Platz für mehr Schönheit gemacht. Mein Kopf denkt, das sollten wir öfter tun, auch wenn es schade ist, dass Treffen nicht möglich für mich sind.

Ich habe mich für die Schönheit entschieden, bin nicht mehr bereit für den Sumpf, darum war es Zeit sich zurückzuziehen, ganz in Liebe ihm gegenüber und mir selbst gegenüber. Er ist ein so feiner Mensch, doch noch so sehr auf der Suche. Ich bin nicht bereit beim Suchen zu helfen, ich habe mich entschieden, in der wahrhaftigen Schönheit zu sein. Ich bin nicht mehr auf der Suche, ich habe schon gefunden bzw. ließ mich finden. Ich habe mehr Raum für die Schönheit in meinem Leben gemacht und schon winkt mir die Schönheit des Lebens zu.

In Liebe für Kevin
Im Oktober 2024

Aufkleber

Ich habe in meinem Leben schon viele Aufkleber gesehen. Sie kleben an Laternen, an Stromkästen, man sieht sie hier und da. Wenn du jahrelang denselben Weg zur Arbeit gehst, siehst du manche Aufkleber täglich, kannst ihnen zusehen, wie sie verblassen. Oft siehst du sie auch nicht mehr, sie sind immer da, aber sie lenken deine Wahrnehmung nicht mehr auf sich. Irgendwie interessiert sich keiner ernsthaft für diese Aufkleber, sie machen nichts mit ihm. In der Coronazeit war es plötzlich anders mit Aufklebern. Ich habe es beobachtet, denn ich habe sehr sehr viele Aufkleber verteilt. Ich habe sie überall hingeklebt. Und am nächsten Tag waren sie bereits weg! Kaum einer meiner Aufkleber klebte sehr lange. Ich fand das sehr spannend. Ich freute mich und dachte, ich mache es wie der Kopf der Hydra: Für jeden entfernten Aufkleber klebte ich mindestens zwei neue. Nun, was stand da eigentlich auf diesen neongelben Aufklebern, die ich in der Coronazeit verteilte?

„Menschen brauchen keinen Abstand, Menschen brauchen LIEBE"

und

„Wenn Geimpfte Angst vor Ungeimpften haben, wogegen hilft dann die Impfung?"

Ja, es war gut, dass es in der Coronazeit Menschen gab, die aufgepasst haben und solch *rechtsradikales Gedankengut* ganz schnell wieder entfernt haben.

Es war ihnen nicht möglich, einfach an diesen Aufklebern vorbeizugehen und sie hängen zu lassen. Das hat mich immer sehr gefreut.

Für alle Menschen,
die mit mir Aufkleber und Flyer verteilt haben
Im Oktober 2024

Total praktisch

Vor ein paar Wochen sagte ein Freund zu mir, er habe an seinem Handy etwas Tolles eingerichtet. Ab einer bestimmten Uhrzeit am Abend sei er nicht mehr zu erreichen, er sei nicht online, es können keinen Nachrichten eingehen. Erst ab einer bestimmten Zeit am nächsten Morgen geht das dann wieder. Das sei wirklich sehr praktisch.

Ich sagte, ich habe so etwas Ähnliches: Ich drücke den Ausschaltknopf meines Handys so lange, bis mein Handy aus ist. Am nächsten Morgen drücke ich dann irgendwann den Einschaltknopf, solange bis das Handy wieder an ist. Manchmal lasse ich es auch den ganzen Tag einfach aus, mein Tastenhandy. Ich habe auch keine Uhr, die mir alle Nachrichten anzeigt oder meine Schritte zählt, ich merke am Abend selbst, ob ich mich genug bewegt habe. Ich hatte noch nie WhatsApp, Facebook, Telegram oder was es da sonst noch alles gibt. Ich nutze keine Apps, keine Applikationen, ich wende zwei Geschenke an: Mein Gehirn und mein Bewusstsein. Ich finde das total praktisch!

Für alle nicht digitalen Menschen
Im Oktober 2024

Geschwister

Als ich mit meiner Nichte über meine Rolle als Tante sprach, fragte dieses kleine, weise Menschenkind: „Und was ist deine Rolle als Schwester?" Ich sagte, dass das eine sehr weise Frage sei und ich in Ruhe mal darüber nachdenken wolle.

Deine Geschwister kennen dich in der Regel dein ganzes Leben bzw. ihr ganzes Leben schon, je nachdem, in welcher Reihenfolge ihr geboren wurdet. Als ich nach vielen Jahren zum ersten Mal wieder mit meinen Geschwistern sprach, merkte ich, dass sie ein Bild von mir hatten, das nichts mit mir zu tun hatte. Und ich hatte ein Bild von ihnen in mir, das nichts mit ihnen zu tun hatte. Ich staunte sehr und musste manchmal laut lachen. Und manchmal musste ich tief berührt weinen.

Ich hatte eines Tages meine Nichte und meinen Neffen zu unserem ersten gemeinsames Ausflug abgeholt. Ihre Mama hatte gesagt, wir können heim kommen wann wir wollen, morgen sei ja keine Schule. Wir verbrachten einen wunderbaren Tag, es gab so viel zu erleben. Gewöhnlich gingen die Kinder, glaube ich, um 20 Uhr schlafen, da dachte ich, 21.15 Uhr sei voll im Rahmen. Als wir dann gegen 21.15 Uhr im Landeanflug waren, rief mein Bruder sehr besorgt an, wo ich mit seinen Kindern sei. Später erzählte er mir, dass er noch nicht die Polizei gerufen hatte, aber überlegt hatte, ob er den größten Fehler seines Lebens gemacht habe, weil er seine Kinder seiner „bekloppten" Schwester anvertraut hatte. Schließlich wollten wir ja nur ins Schwimmbad und das Schwimmbad habe schon lange zu. Er wusste ja nicht, dass meine Nichte und mein Neffe auch noch meine Wohnung sehen wollten und das Restaurant, in dem ich arbeitete. Und während wir fröhlich singend, mit voll aufgedrehter Musik auf dem Weg nach Hause waren, spielte sich ein riesen Spielfilm im Kopf meines Bruders ab. Ich musste unglaublich lachen. Es war sein Bild in ihm von mir, welches überhaupt nichts mit mir zu tun hatte.

Geschwister kennen sich ihr ganzes Leben und oft kennen wir sie vielleicht überhaupt nicht. Wir können ihnen aber zuhören, uns in ihre Welt mitnehmen lassen und wir können ihnen von uns erzählen und sie in unsere Welt mitnehmen. Wir sehen die Welt immer durch den Filter unserer Wahrnehmung und Erinnerungen.

Yoga bedeutet für mich zu lernen, die Welt ungefiltert zu sehen. Es ist eine wunderbare Reise. Ich habe fünf wunderbare Geschwister. Wie wenig wir uns doch kennen. Es gibt noch viel zu erzählen und viel zu hören. Ich freue mich darauf.

Für meine Geschwister
Im Oktober 2024

Warten

Ich merke, ich bringe mich in Bezug auf Männer immer wieder in die Energie des Wartens. Mir ist es egal, wann mir meine Freunde antworten, wenn ich ihnen eine Nachricht schreibe, schreibe selbst manchmal erst nach Tagen zurück oder gar nicht, wenn ich gerade nichts weiter zu sagen habe. Ich habe es in den letzten Monaten bei einem Wegbegleiter gemerkt, habe jedoch auch artikuliert, dass ich nicht bereit sei, ständig auf ihn zu warten. Er ließ mich trotzdem immer wieder warten, auch ein Grund, warum ich ihn nicht mehr treffen möchte.

Ich beobachte, dass wenn ich meinem Lieblingsmenschen etwas schreibe, ich durchgehend auf eine Antwort warte. Und er nimmt sich seinen Raum und antwortet auf manche meiner Fragen einfach gar nicht. Ich weiß inzwischen, wie sehr er alles durchdenkt, Zeit braucht, überlegt, was wohl „richtig" sei. Und manchmal ist sein nicht Antworten vielleicht auch einfach eine Grenzziehung, er lässt sich nicht in mein Drama ziehen, das ist wunderbar, ich lerne immer besser, damit umzugehen. An anderen Tagen ist er mit Dingen, völlig unabhängig von mir, beschäftigt. Am Anfang hat es mich fast wahnsinnig gemacht. Inzwischen ist es so, dass wenn ein Drama in mir aufsteigt, ich es wahrnehme und mich „einfach" hindurchatme. Ich reflektiere und sage mir: „Jeanette, es ist dein Drama, kein anderer ist dafür verantwortlich oder hat Lust daran teilzunehmen." Und dann merke ich, wie das Drama in mir immer weniger Raum einnimmt und schließlich verschwindet.

Manchmal bin ich zu ungeduldig. Mein Lieblingsmensch sagte mir, er kenne keinen geduldigeren Menschen als mich. Beides ist in mir.

Es gibt unterschiedliche Energien des Wartens. Menschen lassen dich manchmal warten, weil sie voll in ihrem Egofilm laufen, unbewusst davon ausgehen, dass es ihnen zusteht, alle Welt warten zu lassen. Manchmal ist es die Verkettung irgendwelcher Energien und jemand lässt dich einen Moment warten. Und dann gibt es dieses ganz andere Warten. Mein Lieblingsmensch hat mir gesagt, dass er seine Lektionen zu lernen habe, dass er das ganz für sich alleine tun müsse. Ich bin bereit auf ihn zu warten. Ein Teil in mir würde 100 Jahre auf ihn warten, es ist ein heiliges Warten.

Wenn ich jedoch dasitze und auf eine Antwort von ihm warte, dann ist es ein völlig unbewusstes Warten, dann entdecke ich in mir diesen verletzten Anteil, der Bestätigung von außen braucht, der sich besser fühlt, wenn er beachtet wird, der Angst hat, nicht gut genug zu sein, der gesehen werden möchte, der verstanden werden möchte. Dieser Anteil ist inzwischen recht klein in mir. Doch manchmal, da blitzt er nochmal auf und ich höre die Stimmen des intergalaktischen Cafés: „Jeanette, an diesem Punkt bist du noch nicht ganz bei dir angekommen." Und innerlich antworte ich: „Ich weiß, ich nehme es wahr, erlaube mir es zu durchfühlen. Und ich spüre ganz tief in mir, dass ich auch an diesem Punkt ganz bei mir selbst ankommen werde, vielleicht genau in diesem Moment, in dem ich diese Zeilen schreibe."

Für alle Menschen, die warten, und jene,
die aufgehört haben zu warten
Im Oktober 2024

Schönheit

Ich glaube, wahre Schönheit lässt sich nicht einfangen, du kannst sie nur erleben, erfahren, mit jeder Zelle deines Körpers und ganz tief in deinem Herzen speichern, wenn du den Blick dafür nicht verloren hast.

Ich sehe oft, dass Menschen Fotos machen und wie sie Fotos machen. Sie machen sich selbst und das Motiv zum Objekt. Sie posen, wollen, dass die Haare „perfekt" sitzen und die Sonnenbrille richtig platziert ist. Ich beobachte es oft und schmunzle verwundert, denn da ist nichts Schönes mehr.

Diese wahre Schönheit, in ihrer vollen Pracht, ist einfach da, da musste nichts zurechtrücken, perfektionieren.

Ich saß heute an einem wunderschönen Weiher, der blaue Himmel und die weißen Wolken spiegelten sich in voller Pracht auf der Wasseroberfläche im Glanze der wärmenden Sonne. Die Wasseroberfläche war geschmückt mit vielen Seerosenblättern und einzelnen Knospen. Wasservögel schoben vor sich eine kleine Bugwelle her und hinter ihnen zog sich das Dreieck, welches sich aus ihrer Bewegung im Wasser ergibt. Vom Grund des Weihers stieg manchmal eine magische Luftblase empor. Immer wieder bildeten sich größer werdende Ringe an der Wasseroberfläche, wenn ein kleines Tier dort gelandet war. Plötzlich tauchte ein Nutria auf, zog seine Bahn durchs Wasser, wunderschön, durchschwamm die gesamte Szene, welche umgeben war von vielleicht hundert verschiedenen Grüntönen.

Das Landen einer Ente auf der Wasseroberfläche oder eines Schwanes! Magisch! Das Abheben eines Schwanes von der Wasseroberfläche. Die Flauschigkeit kleiner Enten- oder Schwanenküken!

Die Schönheit des Leuchtens in den Augen eines Kindes, das am Himmel ein Flugzeug entdeckt hat. Seine Begleitung zieht es weiter, verpasst diesen magischen Moment.

Ein Wasserlauf am Wegesrand. Das Wasser leistet keinen Widerstand, es bahnt sich seinen Weg. Diesen Satz hörte ich mal in einem Interview mit Daniele Ganser und machte es zu meinem persönlichen Mantra!

Der Blick in die Augen deines Lieblingsmenschen, in welchen sich die Schönheit des ganzen Universums wiederspiegelt, aus eurer Verbindung heraus, nicht alle Augen würden dies in diesen Augen erkennen. Doch wenn du hineinsiehst, dann lacht dein Herz, dann wirst du erfüllt von der ganzen Schönheit des Universums.

Die Schönheit des Vertrauens, eines vertrauten Moments, zwischen Freunden, Kollegen, Partnern oder zwei Fremden, deren Blicke sich für einen Moment treffen. Gestern war ich als Gast und Freundin im Café. Ich sprach mit meiner Freundin, sowohl in ihr als auch in mir hatte sich etwas Großes gelöst. Da kam unsere liebe Kollegin Desiree dazu und ich fand die Energie des Moments einfach so schön. Plötzlich kam auch noch Sarah und ich fand den Moment einfach magisch. Wir vier saßen und standen dort zusammen wie eine universelle Einheit, jeder ganz menschlich, mit seinen Verstrickungen und Befindlichkeiten und trotzdem einfach wunderschön und vollkommen. Ich sagte, dass ich diese Szene in meinem Herzen abgespeichert habe. Wir selbst dürfen uns diese Schönheit schenken, indem wir uns selbst erkennen, ganz wir selbst sind, aussprechen, was uns belastet und freut, es ehrlich benennen, ohne uns in irgendeiner Opferhaltung zu verstricken, wahrnehmen was ist, und unseren Anteil daran erkennen. So entsteht ganz viel Raum für Schönheit!

Die Schönheit des Duftes einer Rose! Ich sagte zu meinen Schülern früher häufig: „Nimm dir Zeit, an den Rosen zu riechen, vor allem dann, wenn du glaubst, in Eile zu sein!"

Auf meinen Reisen durfte ich viel Schönheit erfahren. Oft jagte ich sie noch, wollte sie in Fotos einfangen, nervte meine Partner unglaublich mit der Erwartung, ein perfektes Foto zu machen. Heute mache ich keine Fotos mehr. Früher schon, doch ich merkte immer wieder, dass kein Foto es schaffte, diesen Moment genauso einzufangen wie er war. Wenn ich die Fotos ansehe, wecken sie die Erinnerung an den Moment in mir, sie wecken dieses Gefühl. Daher brauchen wir keine Fotos, wenn wir den Zugang zu unseren Gefühlen wieder freigelegt haben und bewusst durch die Welt gehen. Unser Herz wird dann zu einem universellen Fotobuch, das wir jederzeit anschauen können, wenn wir möchten. Die ganze Welt ist ein lebendiges Fotobuch, du kannst sie dir ansehen und staunen.

Die größten Sonnenuntergänge in den intensivsten Farben durfte ich in Afrika erleben. Im indischen Ozean fand ich mich wieder inmitten der Magie von Fischschwärmen. Aus der Tiefe tauchte plötzlich eine Schildkröte auf, wunderbar majestätisch. Schwarzflossenriffhaie zogen ihre Bahn, erschreckten sich mehr vor mir als ich vor ihnen, hatte ich das Gefühl, und beschleunigten ihren Flossenschlag.

Auf Sri Lanka saß ich auf dem Nacken eines Elefanten inmitten eines Tümpels und er duschte mich mit seinem Rüssel. Heute würde ich auf keinem Elefanten mehr in dieser Form reiten, weil ich später sah, welche Wunden die Sattelkörbe für die Touristen auf dem Rücken der Tiere hinterlassen. In Indien fütterte ich einen Elefanten.

Weißt du, wie sich die Zunge eines Elefanten anfühlt? Weich wie Butter, es ist unglaublich!

In Kanada durfte ich mich inmitten einiger Buckelwale wiederfinden, die ihre Fontänen in die Luft prusteten. Ich bestaunte die Schönheit der Fjorde in Norwegen und lachte, zurück zu Hause, weil die Weinberge meines kleinen Moselstädtchens keinen Deut weniger schön waren. Ein Weinberg, komplett in das Rot des Herbstes getaucht, im Wechsel mit den anderen Farben des Herbstes. In Holland die Schwärme der Stare, die über die Dünen ziehen, für den Menschen nicht verständlich, wie die Einheit dieser Bewegung zustande kommt. Kraniche, die beim Wegfliegen den Winter oder bei ihrer Rückkehr den Frühling ankünden. Wie sie navigieren, ohne Navigationsgerät! Und der Mensch hält sich tatsächlich für die Krone der Schöpfung!

Die Straßen Kubas, mit diesen herrlich bunten, alten Autos, welche durch Gassen fahren, in denen aus Hauswänden ganze Bäume wachsen. Gewürzmärkte in Indien oder Marokko, getürmte Süßigkeiten, Lampen in silber oder bunt, Schuhe in ganz wundersamen Formen und Farben. Den Elefanten, dessen buttrige Zunge ich erfühlen durfte, hatte ich ganz nah an mir, ich stand vor ihm, legte meine Hand auf seinen Rüssel, er sah mich an und machte ganz ganz tiefe Geräusche, nie werde ich deren Klang vergessen und gleichzeitig wohl nie den Klang dieser Vibration in Worten beschreiben können.

Springböcke in Afrika, die scheinbar aus reiner Freude durch den Busch hüpfen. Genauso wie Delfine, die ich in freier Wildbahn bestaunen durfte, ihre unglaublichen Sprünge, einmal einen noch sehr kleinen, der sich drehte und wendete in seinen Sprüngen, aus purer Freude am Sein!

Wilde Tiere an den Wasserlöchern Afrikas, die Pose einer trinkenden Giraffe, die Unruhe in einer Zebraherde, welche ganz neugierig und gleichzeitig ganz scheu sowie auf der Hut ist. Der Flug dreier Pfauen über den Fluss im indischen Dschungel, das Auftauchen einer Muräne im indischen Ozean, direkt unter meinem Bauch, ich war sehr froh, dass mein Bauch nach dieser Erfahrung noch da war, erlebte diese zauberhafte Schrecksekunde einfach bewegungslos.

Löwen, Nashörner in freier Wildbahn, ein kleiner Elefant, der tatsächlich wie im „Dschungelbuch" den Schwanz des vor ihm schreitenden Elefanten mit seinem Rüssel festhält. Das Geräusch, das entsteht, wenn Elefanten an einem Fluss grasen und das herausgerissene Gras hin- und herschwenken, um überschüssigen Sand zu entfernen, der ihren Zähnen schaden würde. Das Grunzen der Nilpferde im Fluss, ganz nah an einem Zelt mitten im Busch, in welchem ich unter vielen Decken die afrikanische Nacht durchschlafen durfte. Das seltsame Geräusch von Hyänen in der Ferne, ein Rufen im Glissando von unten nach oben.

Das Zittern eines Pfauenrades. Drei Blätter in Herzform, aufgereiht wie auf einer Wäscheleine, jedoch hier in der Szene der Sierra Maestra auf Kuba. Schnorcheln zwischen den wunderschönen schwarzen Felsen Kretas, die Sorge meines Freundes, ob ich nochmals aus den Wellen des Meeres auftauchen würde. Ein magischer Moment in Albanien, schwimmend, durch das Loch in einem Felsen, in perfekt platzierten Strahlen der Sonne, welche die Fischschwärme umrahmten.

Große Echsen und zahlreiche Einsiedlerkrebse in ihren Schnecken- oder Muschelhäusern auf einer Insel mitten im karibischen Meer, eine Szene wie aus einer anderen Zeit. Das Gefühl, ein Stück barfuß durch die Wüste

Jaisalmer im indischen Rajasthan zu schreiten. Das Gespräch mit einem sehr lieben Freund inmitten dieser Wüste. Das unglaublich schöne mehrstimmige Singen afrikanischer Menschen, das zauberhafte Lächeln und die, für mich, schönsten Augen der Welt der Menschen in Indien. Elf Bienenvölker in einem mindestens fünfhundert Jahre alten Baum, ein riesengroßes Kunstwerk, weil von oben Äste als neue Wurzeln oder Stämme in die Erde gewachsen sind. Die heilige Ruhe des Pushkar-Sees, in dem jeder Hindu einmal baden möchten, mitten zwischen bunten Menschen, Tieren, Blumen und menschlichen Knochenresten, die aus der Asche herausgefischt wurden und in diesen See gebracht werden.

Einmal machte ich eine Wanderung mit meinem Lieblingsmenschen inmitten von Felsen und Schluchten, als er plötzlich sagte: „Wie kann ein Mensch ernsthaft glauben, dass es keinen Gott gibt? Wer sonst soll das hier erschaffen haben?"

Wenn ich vor die Haustür trete und in der Ferne der schönen Landschaft eine Herde Kühe grasen sehe. Das Säuseln der Blätter im Chor des Waldes, das Tropfen und Plätschern in einem Wald nach einem Regenschauer. Die Magie einer Weide, die ihre langen Zweige wie ein schützendes Zelt hängen lässt. Der Genuss, sich unter eine solche Weide zu legen, ihr zuzuhören und durch ihre Zweige und Blätter hindurch den blauen Himmel und die Wolken zu sehen. Die Form eines alten Baumstamms, für den es mindestens drei Menschen braucht, um ihn komplett umarmen zu können. Die kleine Sukkulente, die es irgendwie schafft, in diesem schmalen Schlitz zwischen Straßenlaterne und Pflastersteinen zu wachsen.

Ich durfte und darf so viel Schönheit auf meinen Reisen und zu Hause, direkt vor meiner Haustür, erleben. Ich bin sehr dankbar, dass ich den Blick für diese Schönheit nicht verloren habe!

Für die allgegenwärtige Schönheit des Lebens
Im Oktober 2024

Abschiedsbriefe

Mein Kopf denkt, dass die folgenden Briefe sehr gut zwischen den Kapiteln „Schönheit" und „Anpassungsstörung" platziert sind. Es ist ein Teil der lieben Worte die ich erhielt, als ich den staatlichen Schuldienst verließ. Sie zeigen mir, dass Liebe immer über allem steht. Die Fotos in meinem Fotobuch sowie das rote Meditationskissen, auf welchem ich jeden Tag gerne sitze, zeigen, dass wir auch in dieser seltsamen Zeit „ganz verboten" Wege fanden, um persönlich „Auf Wiedersehen" zu sagen.

„Liebe Frau Hesse, leider steht es mir nicht zu, Sie zum Bleiben zu bitten. Das würde ich nämlich eigentlich gerne tun! Also bleibt mir nur Ihnen für Ihre Arbeit zu danken!!! Jetzt bin ich doch gerade sehr emotional und mir fehlen weitere Worte. Die fallen mir hoffentlich beim Abschlussgespräch ein.

Nur ein Gefühl möchte ich vor morgen doch noch mit Ihnen teilen: ich finde es recht früh, die Kinder bereits morgen zu informieren. Sie werden Fragen haben, auf die es wohl noch keine Antworten gibt, das Wochenende steht an, in denen sie sich nicht sehen. Wenn es auf Ihrer ‚Seele brennt' verstehe ich natürlich, dass Sie für sich Klarheit schaffen möchten, wenn Sie es aber noch ‚aushalten' wäre es vielleicht möglich, noch etwas zu warten."

„Liebe Frau Hesse, das bedaure ich wirklich sehr, aber bestimmt haben Sie Ihre guten Gründe dafür.

Wir haben Sie als Lehrerin sehr geschätzt und T. hatte bei Ihnen einen sehr schönen und sehr guten Schulstart. Hierfür an dieser Stelle noch einmal herzlichen Dank!

Wir wünschen Ihnen sowohl für die berufliche, als auch die private Zukunft nur das Beste!"

„Liebe Frau Hesse, Ihre Nachricht hat mich sehr traurig gemacht und ich musste mich erst einmal sammeln, bevor ich Ihnen ein paar Zeilen schreibe. Wie ich Ihnen schon einmal gesagt habe, soll man nichts tun, was einem auf Dauer nicht gut tut, daher kann ich Sie verstehen. Trotzdem finde ich es sehr bedauerlich, dass die Grundschule, und vor allem die Kinder, Sie verlieren. Ich habe selten jemanden kennengelernt, der so aufrichtig und liebevoll, mit den ihm anvertrauten Kindern umgeht. Außerdem finde ich, dass Sie ein toller Mensch sind! Für mich haben sie enorm dazu beigetragen, wie sich H. entwickelt hat und dafür möchte ich Ihnen von ganzem Herzen danken. Wie gesagt, macht es mich sehr traurig und ich weiß, dass auch H. traurig sein wird und sie vermissen wird. Außerdem macht es mich wütend auf unser Bildungssystem, das die wirklich guten und fähigen Leute vergrault! Ich wünsche Ihnen alles erdenklich Gute für die Zukunft und werde mir nicht nehmen lassen, mich auch noch persönlich von Ihnen zu verabschieden, auch auf die Gefahr hin, dass ich dann die ein oder andere Träne verdrücken muss."

„Oh liebe Frau Hesse, das ist so so traurig. Ich drücke Sie feste."

„Liebe Frau Hesse, beim Lesen der Betreffzeile, war mein erster Gedanke: ‚Nicht öffnen!‘ Nein, im Ernst, es ist sehr bedauerlich und schade, dass sie diesen Weg gehen. Jedoch kann ich bestimmt nachvollziehen, welche Gründe sie dazu bewogen haben. Im August wollte ich Ihnen schon antworten *(Anm.: Damals hatte ich die Rolle als Schulleiterin gerade niedergelegt.),* jedoch habe ich es sein gelassen. Trotz allem, liebe Frau Hesse, Sie sind eine wunderbare Lehrerin und eine sehr nette dazu. Ich bin, für meinen Teil als Mama, sehr froh, dass Sie L. den Start in die Schule so toll erleichtert haben. Und natürlich, bin ich auch neugierig, welchen Weg sie weitergehen werden?! Hab auch schon was ‚läuten' hören :-). Aber wer weiß, was daran die Wahrheit ist. So und zum Schluss möchte ich Ihnen alles Gute wünschen und wer weiß, wann und wo man sich wieder trifft."

„Liebe Jeanette, wir stehen total hinter Dir!!!!! Deine Rundmail heute macht uns trotzdem alle sehr traurig .Es geht jetzt alles so schnell!! Die Schule wird ohne Dich nicht mehr das sein, wie sie es bisher für uns war. Sie wird bald ‚leer' sein. Das einzige ‚Herz' was dann dort noch schlägt, ist das von Frau D.. Wir sind so froh, dass sie noch da ist und P. bei ihr auch gut aufgehoben ist. Haben wir eigentlich schon *DANKE* gesagt, dass Du sie uns zugeteilt hast? Wenn nicht, dann jetzt!!! Ich wünsche Dir so sehr, dass Dein Weg bald leichter sein wird...bestimmt!!! Schon allein, weil zwei verrückte Menschen nicht mehr Teil Deines Lebens sein werden. Ja...alles wird gut!"

„Liebe Frau Hesse, ich habe leider vorher noch nicht die Zeit gefunden Ihnen zu schreiben. Obwohl ich irgendwann mit einer solchen Nachricht von Ihnen gerechnet habe, ist es dennoch in dem Moment, in dem man es liest ein kleiner Schock. Ich kann mich noch gut an ein Telefonat erinnern, in dem Sie sich gewünscht haben, noch ein Jahr durchzuhalten, gerade für die Kinder. Jetzt ist es doch früher dazu gekommen. Ich kenne nicht sämtliche Beweggründe für Ihre letztendliche Entscheidung, aber ich glaube, Sie sind ein Mensch, der in seinem Handeln sehr bedacht, konsequent, aber auch auf sein Bauchgefühl hörend vorgeht. Und wenn dieser Weg, den Sie vor 11 Jahren eingeschlagen haben, für Sie nicht mehr befahrbar ist, hoffe ich, dass Sie auf den für Sie richtigen Weg abbiegen. Ich sage ‚Danke' für die letzten Jahre als Lehrerin von M. und I. Den Spruch haben sie M. mal mitgegeben, als er an Mathe verzweifelt ist und Ihre Widmung dazu, war für Moritz eine große Hilfe, an sich zu glauben und nicht aufzugeben. ‚MATHE KLANG FÜR MICH IMMER SO: ZWEI GOLDFISCHE WANDERN DURCH DIE WÜSTE. EINER WAR ROT, DER ANDERE DÜNN. WIE VIEL WIEGT DIE PALME, WENN ES REGNET?' Ich sage ‚Danke' für den Austausch, sei es als Klassenelternsprecherin, Mitglied des SEBs und Mama von M. und I. Manchmal ist es an der Zeit ein altes Buch zu schließen. Es bringt nichts, die Kapitel wieder und wieder zu lesen. Sie ändern sich nämlich nicht. Und es gibt so viele andere tolle Bücher."

„Kleine Menschen brauchen so große Herzen wie deins."

„Nicht nur lesen, rechnen, schreiben, wird bei uns allen, dank dir bleiben! Essig, Kräutersalz und Erdbeerpflanzen, gabst du uns mit in unsre Ranzen! Auch Kakaobohne und Hibiskusblüte, vielen Dank für deine Güte! Reisen in fremde Länder, steht bei mir wegen dir im Kalender! Indien, Papua-Neuguinea, Australien, fehlen noch in meinen Memoiren. Heilig sind in Indien die Rinder, bei dir sind es stets wir Kinder!!! Ich vermisse dich. C."

Für all die wunderbaren Eltern,
die mir jeden Tag ihr Kind anvertrauten
Im Oktober 2024

Anpassungsstörung

Vor ein paar Tagen sagte eine liebe Freundin zu mir, die Psychologin ihres Sohnes habe bei diesem eine Anpassungsstörung diagnostiziert. Sie sagte dies in einer eher niedrigen Energie, im Groll, abfällig. Ich verwirrte sie, als ich sagte, dass die Diagnose in meinen Augen völlig richtig sei!

Aus Sicht dieser Psychologin habe ich mit Sicherheit auch eine Anpassungsstörung. Ich passe mich nicht an, an diese Gesellschaft. Eine Gesellschaft, die meiner Ansicht nach sehr gestört ist, völlig in der Blindheit des Egos und des Unbewussten gefangen. Im Kerker der Digitalisierung, zu dem sie über Jahre nach und nach hingeführt wurde, ganz beiläufig, bis sie sich ganz freiwillig in diesen setzte und sich pudelwohl darin fühlt. Die Tür dieses Kerkers steht immer offen, doch nur wenige nutzen diese offene Tür. Ein Schulsystem, das völlig an der Seele des Kindes vorbeigeht. Ein Gesundheitssystem, welches die Menschen mehrheitlich krank macht, hält und werden lässt. Eine Lebensmittelindustrie, die genau weiß, welchen Scheiß sie da täglich verpackt und mit netten Etiketten schmückt. Ich schreibe dies ganz im Frieden, als neutraler Beobachter, denn in all diesen Bereichen stehen die Kerkertüren stets ganz weit offen.

Ich höre in Interviews oft die Menschen sagen, dass alles gut werden wird. Mein Kopf denkt, dass bereits alles gut ist bzw. immer alles in Ordnung ist, denn Kosmos heißt Ordnung. Und all diese Dinge bieten uns jeden Tag die Möglichkeit zu erkennen und zu wachsen, aber nur, wenn wir das möchten, es uns trauen, mit allen Konsequenzen.

Ich freue mich über alle Menschen, die eine Anpassungsstörung haben, denn sie leben in der Regel in einem

Umfeld, in dem es sich nicht lohnt, sich anzupassen, wenn du zum Kern deines Selbst gelangen möchtest.

> *Für alle Anpassungsgestörten,*
> *besonders für die Kinder,*
> *denen eingeredet wird,*
> *sie seien nicht in Ordnung,*
> *genauso wie sie sind.*

Jeanette hat`s ja leicht, die kann das einfach

Eine Freundin sagte vor kurzem zu mir, ihre Schwester habe über mich gesagt, dass ich es ja leicht habe. Ich würde die Dinge einfach machen und könne das einfach. Mir wurde oft von Menschen gesagt, dass sie mich bewundern, dass sie gerne auch so wären. Ich denke, Menschen, die das sagen, übernehmen keinerlei Verantwortung für sich selbst und überschätzen mich völlig. Sie halten an ihrer Opferrolle fest.

Über mich selbst kann ich sagen, dass das, was ich mache und wie ich es tue, mit Sicherheit nicht immer leicht ist. Ich habe es auch nicht leicht und mache es mir auch nicht leicht. Ich selbst bin mein größter Kritiker, hinterfrage mich ständig, beobachte mich, reflektiere. Daraus erwächst eine Selbstsicherheit, die auf manche arrogant und unreflektiert wirkt. Doch das täuscht. Die Tatsache, dass das bei mir alles so leicht wirkt, beruht darauf, dass ich sehr genau hinschaue und die Dinge ergründe. Das macht mich manchmal sehr müde. Ich musste auch die Balance lernen zwischen Selbstreflektion und völliger Selbstzerstörung aus Mangel an Selbstliebe.

Im indischen Dschungel sagte ich zu Navendu, dass ich nicht immer den leichtesten Weg wähle, und dadurch, dass ich das mache, werde alles immer leichter. Das ist wahrhaft wunderbar. Und das Ergebnis davon sehen dann die Menschen, die sagen, ich habe es ja leicht, ich könne das einfach. Doch sie sehen nur das Ergebnis, nicht den Weg, der dazu führte, dass für mich alles doch irgendwie inzwischen total einfach ist. Ich bin sehr dankbar für diesen Weg und die Leichtigkeit in meinem Leben.

Und während ich das schreibe, flüstert das intergalaktische Café mir zu: „Demut Jeanette, Demut."

Für alle, die sich mehr Leichtigkeit
in ihrem Leben wünschen
Im Oktober 2024

Erwartungen

Ich habe oft gelesen, wie viel unsere Erwartungen im Leben zu Unruhe führen. Ich hatte das verstanden und nahm mir also vor, keinerlei Erwartungen mehr zu haben. Ich sagte es mir als inneres Mantra immer wieder auf. Ohne es zu merken, erwartete ich also nun von mir, keine Erwartungen mehr zu haben, und immer wenn ich merkte, dass ich es nicht geschafft hatte, fühlte ein Teil in mir sich als Versagerin, weil ich es nicht geschafft hatte, keine Erwartungen mehr zu haben.

In meinem Mantra, keine Erwartungen mehr zu haben, hatte ich wieder einmal etwas Wichtiges übersehen. Ja, es ist unsinnig Erwartungen zu haben, denn niemand hat den Auftrag unsere Erwartungen zu erfüllen, wir sind immer für uns selbst verantwortlich. Doch ich vergaß dabei, meine Grenzen zu ziehen, und ließ mir unbewusst ganz schön viel gefallen. Der „Fehler" lag ja bei mir, ich hatte ja mal wieder eine Erwartung gehabt.

Menschen in meinem Umfeld können machen, was sie wollen, es steht ihnen frei, zu tun und zu lassen, was sie gerne möchten. Ich bin zutiefst davon überzeugt. Wenn ich so etwas sage, dann haken manche Menschen oft nach: „Aber Jeanette, doch nur bis zu einer gewissen Grenze. Man darf doch niemanden schlagen oder umbringen!"

Grundsätzlich sind wir freie Menschen, jedem steht alles offen. Und mir steht es offen, meine Grenzen zu ziehen, gewissen Dingen keinen Raum zu bieten. Wenn du das tust, dann bist du immer völlig sicher, weil sich dein Schwingungsfeld immer weiter erhöht.

Ich glaube, ich bin nun schon einen Schritt weiter darin, keine Erwartungen mehr zu haben. Ich habe zum Beispiel nicht mehr die Erwartung an mich, keine

Erwartungen mehr zu haben. Mein Kopf denkt, dass ich diesen Satz inzwischen nicht nur verstanden habe, ich habe ihn begriffen und merke nun, dass es immer leichter wird, keine Erwartungen mehr zu haben, je mehr ich bei mir selbst ankomme, je mehr ich die volle Verantwortung für mich selbst übernehme.

Für alle, die noch glauben,
irgendjemand müsse ihnen ihre Erwartungen erfüllen
Im Oktober 2024

Zuhören

Meine sehr liebe Freundin hat eine große Gabe: Sie kann zuhören! Ich rede und rede und rede und sie hört zu! Sie ist oft ganz präsent und hört zu. Manchmal sagt sie etwas. Meistens hört sie einfach ganz großartig zu. Sie kommentiert nicht, sie macht selten „Nein!" oder „Aha!", sie hört zu. Wenn ich aufhöre zu sprechen, sagt sie oft nichts. Dadurch entsteht ganz viel Raum. In diesem Raum kann ich dann erkennen, ob ich gerade völligen Blödsinn geredet habe oder, ob ich es begriffen habe. Ich kann erkennen, was als nächstes zu tun ist, ich habe den Raum, anzunehmen was ist.

Ich habe eine andere wunderbare Freundin. Ihr fällt es viel schwerer zuzuhören. Sie reagiert schnell auf das Gesprochene. Vieles was ich sage, triggert sie, sie geht in ihre Welt, in ihren Schmerz, macht „Oh!", „Ah!", „Frechheit!", geht in ihre Wut, es ist sehr lustig es zu sehen. Ich liebe sie! Und sie kommentiert vieles, was ich sage, mit ganz vielen Sätzen. Dabei habe ich es doch selbst schon begriffen, möchte nur den Raum es auszusprechen. Inzwischen sage ich ihr das, sage, sei doch mal still, ich habe es doch schon längst begriffen. Atme doch mal, geh doch nicht in deine Wut, es hat doch gar nichts mit dir zu tun! Hör doch mal zu! Es ist unglaublich witzig!

Ich liebe diese beiden Menschenkinder sehr! Beide sind mir ein Spiegel! Ich kann sehr gut zuhören und manchmal darf ich noch lernen, einfach mal den Mund zu halten und zuzuhören.

Für alle, die wahrhaft zuhören können und die,
die es noch lernen möchten
Im Oktober 2024

Renovierungsbedürftig

Gestern war ich in der Sauna. Ich betrat eine der Kabinen und wurde Zeuge eines enormen Schmerzkörpers. Ein sehr beleibter Herr stand auf, positionierte sein Handtuch neu, erklomm die Holzbank und legte sich hin. Er schnaubte, er lag da in seiner ganzen Fülle und schnaubte. Ich hatte die Augen geschlossen, es war unfassbar, er nahm den ganzen Raum ein, er schnaubte, als würde er gerade einen Marathon laufen. Dabei lag er in der Sauna, einem der wohl entspannendsten Orte überhaupt. Und er schnaubte, er hörte nicht auf, er lag dort und schnaubte. Ich überlegte, ob ich mit ihm meinen Eindruck teilen solle, ob er merke, dass er den ganzen Raum einnehme, dass es mich nichts angehe, ich ihn nicht kenne, es aber dennoch höchste Zeit sei abzunehmen, aufzuhören sich selbst so sehr zu quälen. Ich tat es nicht. Er schnaubte. Ich beobachtete weiter und fand es unfassbar. Und er schnaubte weiter. Ich begegnete einem menschgewordenen Schmerzkörper!

Plötzlich raffte er sich auf, schnaubte, wollte die Sauna verlassen, schnaubte. Dabei verlagerte er sein großes Gewicht ungünstig und stieß die Fußbank unter seinen Füßen um. Er fiel aber nicht hin. Ein anderer Mann fragte, ob alles in Ordnung sei. Der schnaubende Schmerzkörper sagte: „Renovierungsbedüftig!" und verließ die Sauna. Da musste ich innerlich lachen. Die Situation war so skurril und es gab keinen treffenderen Ausdruck für seinen eigenen Zustand.

Wie oft laben wir uns an unserem Schmerzkörper, ohne es zu merken, geben ihm Raum, werden selbst zum Schmerzkörper? Was in uns ist renovierungsbedürftig?

Mein Kopf denkt, dass ich die Begegnung mit diesem fleischgewordenen Schmerzkörper wohl nie vergessen werde. Ich nehme sie als Mahnmal, stets ein Auge auf meine eigenen blinden Flecken zu haben, die Achtsamkeit darauf beizubehalten. Ich danke diesem Mann für diese Erfahrung.

Für alle Schmerzkörper
Im Oktober 2024

Impfopfer

Der Vater meines Seelenpartners war ein spannender Mensch. Ich glaube, er hatte ein unglaublich großes Herz und gleichzeitig eine Stinkwut auf die Welt. Er hat viel rumgewettert, sein Umfeld damit oft genug fast in den Wahnsinn getrieben. Er hat die Gesellschaft und Politik kritisiert, sich reingesteigert und unglaublich gewütet. Auf der anderen Seite konnte er sich unglaublich freuen und von Herzen lachen, er hat sich gerne gefreut, glaube ich, er hatte oft das Funkeln der puren Freude in den Augen, die Schönheit eines reinen Kindes.

Und, obwohl er sehr genau verstand, dass diese Politik und die Coronapolitik im Speziellen die reinste Idiotie waren, ließ er sich aus irgendeinem Grund doch mehrfach impfen. Vielleicht war er doch nicht stark genug, hatte doch irgendwie Angst, aus der Herde ausgeschlossen zu werden. Ich weiß nicht, warum er sich impfen ließ.

Er hatte schon viele Jahre eine Krebsdiagnose, die Werte waren sehr lange gleichbleibend stabil. Doch nach einer Impfung schossen sie in die Höhe, waren nicht mehr zu bändigen.

Bevor er starb, sagte er über sich selbst, er sei ein Impfopfer.

Für alle Impfgeschädigten und Impftoten
Im Oktober 2024

Meine Arbeit in einer Kinder- und Jugendwohngruppe

Nachdem ich meinen Schuldienst quittiert hatte, ruhte ich mich vier Monate einfach mal aus, soweit das in dieser völlig bekloppten Coronazeit energetisch möglich war. Ich hatte genug gespart, sodass ich zehn Monate nicht hätte arbeiten müssen und trotzdem ohne Unterstützung mein Leben komplett hätte finanzieren können. Ich bezahlte damals über siebenhundert Euro für meine Wohnung und über vierhundert Euro für alle Versicherungen. Schon etwas vor dieser Zeit war mir bewusst geworden, dass am Anfang des Monats bereits über tausend Euro von meinem Konto abgingen, ohne dass ich auch nur einen Fuß auf die Erde gesetzt hatte. Ich habe diese Kosten ganz bewusst und ganz frei inzwischen einfach halbiert und bin dadurch so reich und frei wie noch nie. Ich bin ausgestiegen aus dem unbewussten Hamsterrad des Anhaftens und des Materialismus, auf allen Ebenen. Manchmal stolpere ich noch etwas, aber insgesamt ist es sehr weit in meine Zellen übergegangen.

Meine Mutter fragte irgendwann auf einer Familienfeier mal, ob ich denn auch an später denke, an meine Rente usw. Ich sagte, dass ich durchaus dazu in der Lage sei, auch wenn ich insgesamt nicht an „die Rente" glaube und ich fragte sie, was mir eine etwaige Rente bringe, wenn ich jetzt innerlich krepiere und aus irgendwelchen illusionären Sicherheitsgedanken nun nicht nach mir schauen täte und nicht nach Indien gehen würde, um gesund zu werden. Dem konnte sie wenig entgegensetzen. Insgesamt habe ich in solchen Situationen immer wieder beobachtet, dass diese Frage ganz einfach aus der eigenen Unsicherheit und dem eigenen Wunsch nach Sicherheit rührt. Mein Opa fragte mich vier ganze Jahre, ob ich denn über die Runden käme, jetzt, wo ich meinen Beamtenstatus aufgegeben habe. Mein Bruder grätschte in der Situation mit meiner Mutter dankenswerter Weise auch noch mit rein und fragte sie: „Mama, konntest du es dir in dem Alter, in dem deine Tochter nun ist, leisten, einfach mal drei Monate wegzugehen ohne zu arbeiten?" Meine Mama verneinte. Mein Bruder meinte dann, dass dies wohl zeige, dass ich wohl sehr gut über die Runden käme und die Diskussion war beendet.

Im Mai 2021 begann ich meine Arbeit als Mitarbeiterin im Erziehungsdienst auf einer Kinder- und Jugendwohngruppe. Ich wurde dort sehr herzlich aufgenommen, ich mochte alle Erzieher sehr gerne. Coronatechnisch waren wir nicht auf einem Level, sie ließen mir aber meinen Raum, erst nach ein paar Monaten wurde es mir in dieser Hinsicht doch zu eng, darum ließ ich meinen Vertrag auflösen. Ein lieber Kollege sagte damals zu mir, es sei so schön, mich kennengelernt zu haben und, dass er mich gerne in einer anderen Zeit kennengelernt hätte, die nicht von diesem Coronaunsinn überschattet gewesen wäre. Mein damaliger Chef ließ mich ungern, aber dennoch herzlich gehen und sagte, dass ich ja vielleicht zu einem anderen Zeitpunkt wiederkommen wolle. Auch er war letztendlich gefangen in diesem System bzw. ließ sich dort gerne gefangen halten, glaube ich.

Sehr lustig war, dass ich damals als Lehrer angeblich überqualifiziert für diese Arbeit sei und gleichzeitig nicht über eine für diese Arbeit bürokratisch notwendige Ausbildung verfügte, sodass ich völlig unsinnig nochmal irgendetwas Soziales studieren sollte oder eine Erzieherausbildung machen sollte. Ich entschied mich dann aus der Situation heraus für Kindheits- und Sozialwissenschaften im Fernstudium. Es war unglaublich spannend, wie langweilig und hohl dieses Studium war. In dieser speziellen Zeit hätte die Coronathematik rauf und runter diskutiert werden müssen, doch für dieses Thema gab es während meiner Zeit quasi keinen Raum. Einmal wurde eine Frage dazu gestellt und ein anderes Mal sprach jemand im Chat die Thematik an und wurde direkt gestoppt und das mitten in der Coronazeit im Studiengang „Kindheits- und Sozialwissenschaften"! Ich war sehr erlöst und befreit, als ich an diesem Unsinn nicht mehr teilnahm.

Schon das Einstellungsgespräch mit meinem dortigen zukünftigen Chef war überaus spannend gewesen: Er sagte, es sei ihm äußerst unangenehm, welche Wege hier gerade genommen werden würden, gegenüber einem Menschen, der in dieser wirtschaftlichen Lage seinen Beamtenstatus abgelegt habe, doch es seien Anrufe eingegangen und er müsse mich daher nun nach meiner politischen Gesinnung befragen. Lustigerweise war ich nur halb so schockiert, wie ich es wohl gewesen wäre, wenn ich diesbezüglich nicht vorgewarnt worden wäre. Ich sagte ihm, dass ich vorgewarnt wurde, worüber er dann wiederrum staunte, und ich sagte ihm, dass ich eigentlich völlig unpolitisch sei, daher hätte ich auch keinerlei politische Gesinnung. Ich würde aber vermuten, dass es hier um meine Coronahaltung ginge und da könne ich ihm ganz ehrlich sagen, dass die Dinge, die gerade passieren, aus meiner Sicht völlig übertrieben seien und ich eine große politische Willkür darin sehe und, dass ich dies auf Dienstbesprechungen geäußert habe. Ich betonte auch, dass ich jedes mir anvertraute Kind mit all meinen Möglichkeiten schützen werde und wenn dies ein Problem darstellen würde, die etwaige Stelle, über die wir sprachen, wohl nichts für mich sei. Er stellte mich daraufhin sehr dankbar ein. Er hatte schon in einem Vorgespräch einige Monate vor meiner Kündigung gesagt, dass meine Bewerbung wirklich erstaunlich sei, dass man dringend fähige Leute suche und plötzlich flattere ihm die Bewerbung eines Engels wie mir ins Haus. Und zu den sehr wenigen Stimmen, die mich jagten, gab es viel mehr Stimmen, die für mich sprachen, und ich hatte mir einen ehrlichen Ruf erarbeitet, dem dieses alberne Coronaszenario auf Dauer dann doch nicht schaden konnte. Eine Mutter hatte meinem neuen Chef nicht weniger zugeflüstert als ihre Überzeugung, dass ich die beste Lehrerin der Welt sei. Danke dafür! Manchmal wurden mir Dinge zugeflüstert, weil die Welt doch sehr klein ist. Einmal wurde mir zugetragen, dass jemand gesagt hatte, da wolle man doch lieber wieder eine Querdenkerin als Schulleiterin als das, was da nun waltete. Ein anderes Mal wurde mir belustigt bis schockiert berichtet, dass diese eine, in meinen Augen sehr unbewusste, ehemalige Kollegin, zwei Besuchern im Lehrerzimmer stolz verkündet habe, dass „Querdenker hier längs gestrichen werden", weil an der Wand ein Kollegiumsfoto hing, auf welchem ich überklebt worden war. Das Urkomische an der Situation war, dass sie in ihrem denunzierenden Wesen nicht merkte, dass sie dies zu zwei Querdenkern sagte und den einen davon kannte ich gut!

Ich überlegte damals, ob ich bei meinen ehemaligen Vorgesetzten diesbezüglich mal vorsprechen solle, entschied mich aber dagegen, weil ich diesen unbewussten Menschen keine weitere Aufmerksamkeit schenken wollte und, weil ich wusste, wie leer ihre Herzen sind. Und wenn man mit leeren Herzen im tiefen Sumpf sitzt, dann ist es wichtig Gründe zum Lachen zu finden, auch wenn man in diesem unbewussten Umfeld scheinbar irgendwann den Blick dafür verliert, was wahrhaft lustig und was einfach nur erbärmlich ist. Eben dachte ich, dass es doch irgendwie spannend ist, dass ich in ganz weiß überklebt wurde. Mein Kopf denkt, dass ich die Reinheit meiner weißen Weste nicht besser hätte darstellen können und ja, auch die Tatsache, dass es ein ganz helles weißes Licht in diesem ganzen Sumpf gab, das manche Anwesenden so unerträglich blendete. Rückblickend sage ich also danke für`s überklebt werden und wünsche dieser Denunziantin von Herzen, dass sie inzwischen mehr Frieden in sich gefunden hat sowie wahre Gründe zum Lachen. Ich wünsche es ihr aus tiefstem Herzen. Ja, es war eine spannende, manchmal sehr schwere, aber insgesamt doch unglaublich stärkende und klärende Zeit.

Manchmal begegne ich Menschen aus dieser Zeit. Sie freuen sich mich zu sehen, fragen, wie es mir gehe. Und ganz wenige, die können mir nicht mehr in die Augen sehen, wenn sich unsere Wege kreuzen, ich schaue ihnen dennoch in die Augen, flute sie mit Liebe, denn ich habe ihnen auf weltlicher Ebene alles vergeben, ich glaube, sie sich selbst noch nicht, ich glaube, sie tragen irgendwo in sich eine tiefe, unausgesprochene Last. Ich kann sie ihnen nicht abnehmen, sie können sie nur selbst durchleuchten und abtragen.

Ein sehr wichtiges Buch in diesem Zusammenhang möchte ich an dieser Stelle nennen:

„Möge die ganze Republik mit dem Finger auf sie zeigen" von M. Klöckner und J. Wernicke.

Es ist sehr lesenswert, besonders für die Menschen, die in ihrer Mitmachblase scheinbar einiges gar nicht mitbekommen haben oder es einfach ausblendeten.

Doch trotz aller Idiotie trage ich die Erfahrungen aus dieser Zeit tief in meinem Herzen. Es ist eine unglaublich schöne und wichtige Arbeit auf einer solchen Kinder- und Jugendwohngruppe. Diese Arbeit ist heilig! Ich glaube, du musst sehr weise und sehr reflektiert sein. Mir fehlte diese nötige Weisheit bei den Erziehern, die mir begegneten, auch darum konnte ich nicht bleiben. Ich sage das mit vollem Respekt und tiefer Liebe jedem dieser Erzieher gegenüber, denn ich glaube, sie machen da jeden Tag eine der schwierigsten Arbeiten überhaupt. Sie bewegen sich unbewusst jedoch ganz schön im Drama und kreieren neue Dramen, auch für die Kinder im täglichen Leben. Sie glauben, sie könnten den Kindern etwas beibringen, dabei glaube ich, dass die Kinder in Wahrheit ihre Lehrer sind. Denn je mehr du bei dir selbst angekommen bist, je mehr du reflektierst und die Verantwortung für dich selbst übernimmst, je mehr du mit dem Herzen siehst, umso leichter wird diese schwierige Arbeit. Umso weniger rasten die Kinder aus, umso weniger entsteht irgendein Drama, ich habe es bei mir und den Kindern erlebt. Eine Jugendliche, mit der ich noch in Kontakt bin, sagte einmal zu mir: „Jeanette, du warst einfach die Beste für die Kleinen." Denn ich sah sie, ich nahm ihre Not wahr, ließ sie ihr Ding machen, ließ sie ihren Raum einnehmen, umhüllte sie mit Liebe und schüttete ihnen, so gut es mir gelang, nicht meine etwaigen Konditionierungen der Anpassung über. Wenn ich sie ins Bett brachte, sagte ich jeden Abend zu jedem einzelnen, dass er gut so sei, wie er ist. Das ist wichtig! Kinder müssen das wissen, dass sie gut so sind, wie sie sind! Dass sie nicht ihr Verhalten sind! Dass ich ihnen nicht alles erlaube, ich ihnen aber ganz viel Raum lasse und ihnen Grenzen setze und, dass sie bei all dem, was ist und sein wird, einfach vollkommen sind und gut, so wie sie sind! Morgens ließ ich ihnen so gut wie möglich ihren Raum, wenn sie sich viel zu früh aus ihren warmen Betten schälen mussten. Strich ihnen über den Rücken, bis ich merkte, dass sie nun halbwegs in der Lage waren in den Tag zu starten. In einen neuen Tag, der so viel von ihnen abverlangen würde, so viel Konditionierung in sie reinhämmern würde, sie so arg zu funktionieren haben würden, um irgendwie in diesem völlig gestörten System unserer Gesellschaft mitlaufen zu können. Es brach mir jeden Tag aufs Neue das Herz, ein weiterer Grund, warum ich nicht bleiben wollte und meinen Vertrag auflösen ließ.

Die Kinder und Jugendlichen in solchen Gruppen tragen so schwer. Ihnen fehlt das Heiligste, ihre Eltern und ihr Zuhause. Keiner kann einem das ersetzen und trotzdem ist es aufgrund der Umstände überlebenswichtig, sie aus ihrem häuslichen Umfeld herauszuholen.

Ich habe viele Jahre nicht verstanden, warum mich und meine Geschwister keiner zu Hause rausholte. Ich dachte oft, ich wäre gerne Zuhause rausgeholt worden. Heute denke ich anders. Ich habe das Leben in einer solchen Gruppe erfahren und ich sehe nun meinen Bruder, der fast sein ganzes Leben in solchen Gruppen gelebt, erlebt und überlebt hat. Mein Zuhause war für mich oft die Hölle, doch heute weiß ich, dass ich doch die ganze Zeit wenigstens ein Zuhause hatte. Das Umfeld war völlig übergriffig und vergiftet, ich fühlte mich selten wohl, war so oft wie möglich weg, doch trotz allem hatte ich ein Zimmer, manchmal sogar eins für mich alleine. Meine Mama hat es in den schlimmsten Zeiten irgendwie geschafft, dass wir etwas zu essen hatten, auch wenn mein heutiger Fressneid mir immer wieder vor Augen führt, dass es manchmal doch recht wenig, aber dennoch geradeso genug war. Ich hatte meine Geschwister um mich herum, auch wenn wir uns in unserem Schmerz oft bekriegten. Und wenn alles ganz schlimm war, konnte ich zu meiner Schwester ins Bett schlüpfen, die mir in anderen Momenten immer wieder in ihrem Schmerz drohte, ich dürfe nie wieder bei ihr schlafen. Und viele Jahre später, als meine Welt völlig zusammenbrach, weil meine Jugendliebe mich schweren Herzens verlassen hatte, war es meine Schwester, die mich auffing, die ein Bett für mich hatte.

Ich erkannte es früher nicht, ich glaube, ich habe es gerade erst in dieser Sekunde begriffen, dass ich trotz allem die ganze Zeit unglaublich gesegnet war, weil ich ein Zuhause hatte. Und ich war sogar so gesegnet, dass mir die Familie meiner Jugendliebe die Tür öffnete und mir ein weiteres Zuhause gab. Diese Tür steht mir auch heute, 20 Jahre später, jederzeit offen. Und die Türen der Häuser und Wohnungen meiner Geschwister und meiner Mutter stehen mir ebenfalls offen und heute bin ich wieder frei genug, dort hindurchzugehen. Ich habe meine Hausaufgaben gemacht, auch wenn mich weiterhin vieles dort noch reizüberflutet, weil ich einfach alles checke, was da unterschwellig läuft. Aber das ist ok, ich kann ja fahren, wenn es mir zu viel ist und während ich da bin, kann ich ja mit Essen meine Reizüberflutung auf humorvolle Weise kompensieren, denn wir alle haben, anders als früher, heute mehr als genug zum Essen.

Und ich hatte den Musikverein Föhren, in dessen schützenden Händen ich aufwachsen durfte, getragen von einer Vereinsfamilie, die ich auf meiner Reise irgendwann hinter mir lassen wollte, weil ich weiter wollte, weil vieles mich dort nervte, mir zu langweilig geworden war. Doch vorher durfte ich so viel in diesem Verein erleben, so viel Gemeinschaft, die auch manchmal nervte, weil immer dieselben Deppen „die ganze Arbeit machten" und ich zu diesen Deppen gehörte. Doch es liegt ja an uns, ob wir uns selbst zu diesen Deppen machen und machen lassen, es liegt ja an uns, zu lernen, uns zu artikulieren und abzugrenzen.

Und in dieser ganzen Zeit wachte mein Posaunenvater über mich. Er war mein Dirigent, mein Posaunenlehrer, wir saßen an der Theke, verbrachten sehr viel Zeit zusammen. Auch seine Tür stand mir immer offen. Ich war schon lange nicht mehr dort. Ich habe schon längere Zeit den Impuls, nochmal zu ihm und seiner Familie zu fahren.

Die Kinder in den Wohngruppen haben dieses Zuhause nicht. Doch die Einrichtung tut ihr Bestes, um ihnen ein Zuhause zu geben, solange, bis sie wieder nach Hause dürfen oder alt genug sind, um sich ein eigenes Zuhause zu schaffen.

Die Kinder in diesen Gruppen leben auf Hartz 4 Niveau. Diese Tatsache hat mich unglaublich erschreckt. Natürlich ist Hartz 4 im Vergleich zu vielen anderen Menschen auf der Welt der pure Luxus. Doch mein Kopf denkt, dass wenn die Politik daran interessiert wäre, alle Kinder in Deutschland deutlich über Hartz 4 Niveau leben könnten. Wie viel Geld fließt aktuell nochmal in die Waffenindustrie? Ich wäre für Vollkorndinkelwaffeln statt Waffen!

Für alle Kinder in Wohngruppen und deren
Begleiter, die jeden Tag ihr Bestes geben
Im Oktober 2024

Kindheitstraumata - Ich weiß jetzt, wer mich vergewaltigt hat!

Heute um 7.37 Uhr schrieb ich meiner Freundin, welche die tiefe Gabe des Zuhörens hat, folgende SMS: „Kannst du mich bitte ganz dringend anrufen, wenn du Raum hast. Du musst dir keine Sorgen machen, alles ist mehr als in Ordnung, ich habe es gerade aufgelöst, ich glaube, ich habe gerade alles aufgelöst, ich weiß, wer mich vergewaltigt hat." Kurz überkam mich, ihr zu schreiben: „Entschuldigung, dass ich dir das so ohne Vorwarnung schreibe und danke, dass ich dir das so ohne Vorwarnung schreiben darf!" Ich kam aber gar nicht mehr dazu, denn sie schrieb bereits zurück: „Ich rufe dich in 5-10 Minuten an."

Als sie anrief, begann die Beschreibung meiner Erkenntnis mit meinem gestrigen Tag: Gestern war ich bei meiner Schwester. Ich hatte ja viele Jahre keinen Kontakt zu ihr, inzwischen jedoch wieder, wir hatten auch vor ein paar Wochen ein sehr tiefes Gespräch. Ich rief sie spontan an und fragte, ob ich in ihren Tagesplan passen würde, falls ja, würde ich gerne vorbeikommen. Sie sagte zu und sagte, dass sie mit den Kindern zum „Eifelparkleuchten" wolle. Das war sehr lustig, denn vor ein paar Tagen hatte ich ein Plakat dazu gesehen und noch überlegt, welches Kind ich alibimäßig mitnehmen könne, um es mir selbst anzusehen. Das Universum hatte verstanden und so kam es, dass ich gestern meine Schwester besuchte und wir alle zusammen in den Park fuhren. Ich hatte den Tag über die Möglichkeit, einfach zu beobachten. Ich beobachte gerne, ich beobachte fast immer, ich beobachte, ergründe und verstehe.

Heute Morgen hatte ich den Impuls, ihr eine Email zu schreiben. Ich werde es später tun. Ich werde ihr schreiben, welche Seelenthemen ich in ihren Kindern sehe. Ich erkannte, dass ich die seelische Not von Kindern lesen kann. Ich weiß das schon lange, aber heute habe ich es nochmal auf einer anderen Ebene begriffen. Ich bin Seelenbeleuchterin. Es kam der Impuls, als Seelenbeleuchterin zu dienen. Ich kann in Familien gehen und beobachten und den Eltern sagen, welches Thema die Kinder mit sich rumtragen. Erwachsene doktern gerne an Kindern herum, sehen, sie sind „zu dick" oder „zu dünn" oder „zu wütend" oder was auch immer. Dann versuchen sie dies und das, aber alles auf menschlicher Ebene. Sie arbeiten nicht auf seelischer Ebene. So kann das Kind nicht in die Heilung kommen. Es gibt gar keine Probleme, es sind alles Signale. Die meisten Menschen können diese nicht lesen, ich kann sie lesen. Meine Berufung ist die Seelenbeleuchtung von Kindern und das Weitergeben an die Eltern. Ich habe es ständig versucht, es gab aber in der Regel nicht den Raum dazu. Mir wurde gesagt, ich würde sicher irgendwann wieder mit Kindern arbeiten. Ich sagte, dass ich dies nicht mehr wolle, fertig damit sei, weil ich es nicht mehr ertragen könne, in Umfeldern zu sein, die die Not der Kinder nicht sehen. Ich möchte mich nicht mehr in solchen Umfeldern aufhalten. Als Seelenbeleuchterin gebe ich genau dieser Energie, nach der ich schon so lange gesucht habe, Raum. Ich kreiere einen ganz neuen Berufszweig. Seelenbeleuchterin für Kinder!

Ich lag mit all dem in meinen Zellen also heute Morgen im Bett. Da kam mir der Impuls, dass wenn ich doch die Seelen aller Kinder beleuchten könne, ich doch auch meine eigene Kinderseele beleuchten könne und plötzlich quakte ich wie ein Säugling. Ich kenne diesen Zustand, ich habe ihn im Text über meine Hochsensibilität beschrieben. Und ich spürte die Not meiner Seele. Es muss mindestens eine Szene in meinem Leben gegeben haben, als ich als Säugling da lag, in ganz großer Not und einfach in den Arm hätte genommen werden müssen. Aber ich wurde nicht in den Arm genommen. Als ich dies heute spürte, bekam ich plötzlich unglaubliche Herzschmerzen. Ich kann mich in meinem Verstand nicht daran erinnern, aber ich spürte es in den Zellen meines Körpers. Ich weiß jetzt, dass in diesem Moment mein Herz zerbrach und in tausend Teile zersprang. Ich glaube, ich habe alle Teile wieder zusammengetragen, mit ganz viel Hingabe, mit ganz viel Geduld, bin durch tiefe Täler gegangen und habe immer neue Berge erklommen. Und jetzt ist mein Herz wieder heil. Es ist noch reiner als zuvor, denn jeden Riss habe ich mit Gold gefüllt! Irgendwo habe ich über diese Teetassenkunst gelesen: Zerbrochenes wird mit Gold aufgefüllt und wird so noch viel schöner als vorher!

Ich beschrieb meiner Freundin vor ein paar Wochen ein Thema in mir, meine Verstrickung mit Männern, dass ich mir wünsche, einfach in den Arm genommen zu werden, damit die Welt wieder in Ordnung sei. Ich spürte auch, dass es etwas mit meinem Vater zu tun hatte, konnte es aber nicht greifen. Drei meiner Partner waren deutlich älter als ich. Ich habe darin immer meinen Vaterkomplex erkannt, es war mir schon klar, die fehlende Vaterrolle in meinem Leben füllen. Aber es war nicht ganz stimmig. Ich glaube, ich wurde in dieser Szene als hilfloser Säugling nicht von meinem Vater in den Arm genommen, aus welchem Grund auch immer. Das war das ungeheilte Trauma in mir. Es ist heute einfach hochgeploppt wie eine Seifenblase, ich habe es gefühlt, durchfühlt und jetzt, hat es sich aufgelöst. Meine Partner haben mich immer in den Arm genommen. Ich hatte immer ganz wunderbare Partner. Gleichzeitig konnte ich dadurch nicht heil werden, weil mein Bedürfnis noch von außen gestillt wurde.

Ich hatte diese Thematik vor ein paar Wochen mit meinem Lieblingsmenschen und er hat es mir versagt, mich in den Arm zu nehmen. Er blieb stark, nutzte als Mann nicht diese Möglichkeit. Er blieb stark und standhaft und gab mir so den Raum, zu erkennen und zu heilen. Ein paar Wochen davor wollte er mich umarmen, fragte, ob er solle und ich sagte: „Ich weiß es nicht." Irgendetwas in mir wollte keine Umarmung mehr von außen, wollte es selbst lösen und jetzt gerade erinnere ich mich, welche unglaublichen Herzschmerzen ich hatte, als ich wegfuhr! Heute hat sich dieses Thema in mir aufgelöst! Ich bin jetzt frei! Und ich freue mich auf den Moment, in dem wir uns wieder in den Arm nehmen und ich es nicht mehr brauche, sondern einfach die gemeinsame Schönheit genieße, ganz frei und bedingungslos!

Ich habe mir vor einiger Zeit vom Universum gewünscht zu lernen, bedingungslos zu lieben. Ich sagte noch zu meiner Freundin, als ich mich sehr stark geprüft vom Universum fühlte: „Ich habe das beim Universum bestellt, ich möchte lernen, bedingungslos zu lieben. Gerade glaube ich, dass die Prüfung zu schwer für mich ist" und weinte. Doch es gab in mir einen Anteil, der wusste, dass ich diese Lektion lernen werde. In diesem Moment ist es, glaube ich, vollbracht!!! Ich brauche keine Bedingungen mehr, ich brauche keine Erwartungen mehr, weil ich es geschafft habe, mich ganz zu befreien, mich ganz frei zu machen, von allem! Mein Körper wird in diesem Moment ganz warm. Ich spüre zum ersten Mal in meinem Leben in jeder Zelle meines Körpers reine Selbstliebe! Ich spüre in jeder Zelle meines Körpers Leben, auch in meinem Unterleib. Ich kann ganz frei und ganz tief atmen!

Mich begleitet schon lange eine Postkarte mit einem Zitat von Pippi Langstrumpf: „Wenn das Herz nur warm ist und schlägt, wie es schlagen soll, dann friert man nicht." Ich habe diesen Satz oft gelesen und irgendwas in mir verstand ihn. Heute habe ich ihn begriffen, denn ich spüre zum ersten Mal in meinem Leben wieder, dass mein Herz warm ist und schlägt, wie es schlagen soll.

Ein Freund nannte mich oft Pippi Poppins. Er sagte, ich sei das Beste aus Pippi Langstrumpf und Mary Poppins. Er hatte und hat viele ungelöste Themen in sich, so wie jeder von uns, gleichzeitig hat er einen besonderen Blick auf das Schöne im Leben. Er ist Künstler, am schönsten war er immer, wenn er malte. Er ist dann in einem Raum völliger Heiligkeit. Ich glaube, er war der erste, der meinen wahrhaften Kern erkannte und in Worte fasste. Danke dafür! Auch bei ihm konnte ich nicht bleiben. Ich bin oft gegangen. Es kam immer wieder der Moment in dem ich nicht mehr bleiben konnte, ich musste weitergehen, ganz in Liebe, es gab nichts mehr für mich zu lernen in dieser Konstellation.

Und dann kam mein Lieblingsmensch! Er sagte nein zu mir, ich wollte bleiben, er wollte wachsen und brauchte Abstand. Intuitiv wusste er vielleicht, dass auch ich nicht wachsen würde, wenn er jetzt bleiben würde. Er sagte, er sei nicht gut genug für mich. Ich hielt es für Schwachsinn. Heute weiß ich, dass er recht hatte. Wie recht er doch damit hatte! Es hat nichts mit gut oder schlecht zu tun, es gibt nichts Gutes oder Schlechtes auf der Welt, die Welt ist die Welt. Aber er war noch nicht bereit für mich und ich nicht für ihn. Heute sind wir es bzw. auf einem sehr guten Weg dorthin. Ich spüre es genau! Und ich dankte ihm, für dieses wirklich chaotische Jahr, weil es mich zu der machte, die diese Zeilen gerade schreibt und ich mich aktuell so sehr mag wie noch nie in meinem Leben. Er ist so weise. Mein Lieblingsastrologenengel hat es mir direkt zu Beginn unserer Verbindung schon gesagt: „Jeanette, dieser Mensch ist viel weiser, als er selbst weiß!" Wir haben beide unsere Lektionen gelernt und ich spüre, dass wir einen langen, goldenen Weg vor uns haben. Einen goldenen Weg, geschmückt mit tausend wunderschönen Blumen. Voller Freude und Schönheit, weil ich nur noch Raum für Schönheit gebe! Ich bin fertig mit dem Drama!

Nach meiner Säuglingsszene kam eine andere Szene in mir hoch. Ich war von einer hohen Mauer gestürzt, kopfüber auf Sandsteine gefallen. Ein Nachbarsjunge und Freund meiner Kindheit war dabei und brachte mich nach Hause. Ich weiß noch genau, dass ich eine handflächengroße Beule am Hinterkopf hatte, meine Schulter tat so sehr weh und lief blau an. Meine Mutter sagte, sie wolle mit mir ins Krankenhaus fahren. Beim Aufstehen stütze ich mich auf die schmerzende Schulter, völlig bedröhnt vom Schmerz in meinem Kopf. Meine Mutter sagte, wenn ich mich so abstützen könne, könne nicht viel sein und ließ mich dort liegen. Es wurde nicht nach mir geschaut. Ich weiß noch genau, wie freudig sie ihre „Erkenntnis", dass ich nichts Gravierendes haben könne, weil ich mich ja entsprechend aufgestützt hatte, als lustige Anekdote erzählte und nachahmte. Heute weiß ich, dass das der Moment war, in dem sich tief in mir einbrannte, dass ich alleine sei, dass ich nicht um Hilfe fragen brauche, dass ich jetzt ganz stark sein müsse und es alleine schaffen müsse, dass ich jetzt ganz alleine heil werden müsse, weil keiner meinen unglaublichen Schmerz sieht, weil er lediglich für eine nette, narzistische Anekdote reicht. In dieser Sekunde habe ich das Vertrauen in die Welt und zu meiner Mutter verloren und wurde unglaublich „stark" und unglaublich wütend! Irgendwo, ganz tief in mir drin.

Als ich diese Szene durchfühlt hatte kam eine neue Szene auf. Eine tief traumatische Szene aus dem Leben meiner Schwester, welche ich aus Respekt vor ihrem Raum hier nicht näher beschreibe. In dieser Szene war ich ihr Retter und heute spürte ich, wie damals ihr Trauma in mich überging, weil ich sie rettete und dann beruhigte, als sei es das normalste der Welt. Die Energie dieses Traumas ging in mich über, ich trug es für sie so lange, bis sie es selbst tragen konnte. Ich habe es heute erkannt und ihr diese Energie heute zurückgegeben. Sie hat mir erzählt, dass sie inzwischen darüber sprechen könne und wir haben darüber gesprochen und ich habe es heute komplett an sie übergeben, sie darf jetzt selbst diese Hausaufgaben machen und ich weiß, dass sie dran ist und es schaffen wird.

Ich dachte kurz, das war es, das war das Trauma, welches die Symptome in deinem Körper ausgelöst hatte. Doch ich lag falsch, denn wieder änderte sich die Szene und ich sah etwas vor mir, dass mir auf einer gewissen Ebene immer bewusst war, aber ich habe es bis heute niemandem erzählt, denn ich fühlte mich schuldig, habe mich geschämt, dabei habe ich gar nichts Schlimmes getan. Ich sah mich und diesen Freund aus der Nachbarschaft. Ganz nah bei unseren Häusern gab es einen alten Stall, ohne Tiere, voll mit Stroh. Ich liege dort mit runtergelassenen Hosen und er auf mir. Er war nicht grob oder böse, hat mich zu nichts gezwungen, glaube ich, aber irgendwie dazu überredet, überzeugt, es zu tun. Ich war jünger als zehn, das weiß ich, das genaue Alter weiß ich nicht. Er war etwas älter als ich, ein Freund mit dem ich aufgewachsen bin. Irgendwie war es ok für mich, ich weiß nicht genau, ob er mich genötigt hat und ich das verdrängt habe, oder ob wir es als Kinder irgendwie erprobt haben, Dinge, die Kinder in dem Alter eigentlich noch nicht gesehen haben sollten. Wir sind beide in keinem besonders geschützten Raum aufgewachsen. Und ich weiß, dass es heimlich geschah, es diese Angst gab, erwischt zu werden. Jahre später sah ich ihn an Karneval. Er führte seinen Finger durch seine zu einem Ring geformten Finger der anderen Hand und fragte: „Weißt du noch, was wir damals gemacht haben?" Ich fand die Situation eklig, es war übergriffig mir gegenüber, ich schämte mich, wollte es nicht hören. Wir waren inzwischen beide älter und er versuchte zu flirten. Ich verschwand so schnell es ging aus der Situation. Ich wollte meinem ersten Freund davon erzählen, tat es aber nicht, weil ich mich so schämte. Ich habe es tatsächlich bis heute niemandem erzählt, weil ich mich so schämte. Daher glaube ich, dass es gegen meinen Willen geschah, ich kann mich aber nicht genau daran erinnern. Oder wir taten es in kindlicher Neugierde und diese Scham brannte sich in mir ein, diese Scham, erwischt zu werden. Ich weiß es nicht genau! Doch dieses nicht Erzählen, weil ich mich so sehr schämte spricht nach meinem Kenntnisstand eher für die typische Vergewaltigungsopferenergie. Ich weiß es nicht, ich spüre beide Anteile in mir. Vielleicht war es auch kindliche Neugierde und gleichzeitig übergriffig.

Und plötzlich merkte ich, dass diese ganze Sache durch das Atemgeräusch eines lieben Menschen in meinem Leben vor ein paar Tagen in mir getriggert wurde. Dieses Atmen triggerte dieses Trauma aus meiner Kindheit und holte es über viele Schleifen hoch in mein Bewusstsein und ich durchfühlte es, merkte, dass ich nichts Falsches getan hatte und, dass wenn etwas Übergriffiges dort passiert ist, es mit mir gemacht wurde und, dass es

Zeit sei, es einfach zu erzählen und es keinen Grund gibt, irgendeine Scham in sich zu tragen.

Ich hatte öfter zu meiner Freundin gesagt, dass mein Unterleibsthema irgendetwas mit einer Vergewaltigung zu tun haben müsse, ich spürte das in mir. Ich beobachtete und schaute, ständig erzählten mir Freunde oder Bekannte, dass sie vergewaltigt worden waren oder ein Familienmitglied. Auch in meiner Familie fanden diese statt. Ich habe nachgefragt, es wurde mir erzählt. Manchmal auch nicht. Interessant ist, dass die Erzählungen der verschiedenen Menschen in meiner Familie nicht zusammenpassen, daher weiß ich auch nach den Gesprächen nicht, was nun wirklich passiert ist. Doch ich bekam einen Einblick in die Welt jedes einzelnen, in das, was er in seinem Schmerzkörper noch mit sich rumträgt und, wenn er möchte, irgendwann loslassen kann.

Plötzlich sprang die Szene in die Coronazeit. Ich machte nichts falsch, stand zu dem, was ich dachte, und wurde teilweise gejagt, hatte „Angst", erwischt zu werden, denn ich hielt mich nicht an diese schwachsinnigen Vorgaben und drängte sie auch nicht meinen Schülern auf. Die bereits erwähnte ehemalige Lehrerkollegin war in dieser Zeit meiner Ansicht nach das personifizierte Böse, heute nenne ich es einfach unbewusst. Sie konnte mein Licht nicht ertragen und versuchte mich aus ihrer tiefen Unzufriedenheit heraus zu bekämpfen. Heute segne ich sie in Liebe in meinen Gedanken. Sie war völlig machtlos gegen mich, aber sauer, denn ich hatte ihre Verbeamtung nicht, so wie sie es sich vorgestellt hatte, durchgewunken. Ich hatte schon entschieden den Schuldienst zu verlassen und sie versuchte mich zum Projektionsfeld ihrer Unzufriedenheit zu machen. Die Coronaszenerie bot dafür einen grandiosen Nährboden. Es war eigentlich unglaublich albern und witzig. Sie machte sich aus meiner Sicht völlig zum Affen, sie tat mir sehr leid, weil sie in sich selbst so sehr gefangen war, fast alle sahen es, aber keiner sprach es offen aus. Außer mir, aber ich lernte, wie tief der Sumpf unseres staatlichen Schulsystems tatsächlich ist. Ein Zitat meiner Vorgesetzen aus dem Jahr 2020: „Frau Hesse, solange ein Lehrer kein Kind schlägt und nichts klaut, wird er verbeamtet, da ändern auch Sie nichts dran." Inzwischen war ich aus moralischen Gründen als Schulleitung zurückgetreten, wollte den Kindern zu Liebe noch etwas durchhalten. In dieser Zeit meinte diese ehemalige Kollegin mich kontrollieren zu müssen. Mein Wesen triggerte sie derart. Sie ist ständig in mein Umfeld gekommen, anstatt einfach in ihrem zu bleiben. Der nach meinem Kenntnisstand von Robert Betz geprägte Begriff „Arschengel" ist hier göttlich und zutreffend. Wie dankbar ich heute dieser Kollegin bin! Der neue Schulleiter raffte, glaube ich, gar nichts, ließ sich in das Spielchen reinziehen, unbewusste Menschen können gar nicht anders, denkt mein Kopf.

Inzwischen sind das alles alte Kamellen, nicht lohnenswert, hier viel Raum einnehmen zu lassen. Entscheidend ist, dass in dieser Zeit mein altes Trauma getriggert wurde, diese Scham, diese Angst, erwischt zu werden. Genau in dieser Zeit, entstand die erste große Zyste in meinem Unterleib und wurde operativ entfernt. Ich glaube, ich habe heute einen sehr großen Knoten in meinem Unterleib entknotet. Es ist noch ein anderer Name in mir aufgetaucht, ich werde diese Energie weiter ergründen.

Der Schlüssel zur vollkommenen Heilung liegt immer in uns selbst!

Für alle, die sich für Dinge schämen,
für die sie sich gar nicht schämen müssen
Im Oktober 2024

Bücher

Ich habe mich manchmal gefragt, wie man ein Buch schreiben könne. Es ist doch schon alles gesagt in dieser Welt oder vielleicht nicht? Es scheitert lediglich noch an der Umsetzung. Ich fragte mich, wie man ein Buch schreiben könne, ohne irgendwelche anderen Bücher zitieren zu müssen, weil ja schließlich alles schon irgendwie gesagt oder geschrieben wurde. Inzwischen weiß ich es, denn in diesem Moment bin ich auf der dreißigsten Seite meines Manuskriptes angekommen und habe kein anderes Buch dazu aufgeschlagen oder zitiert. Es passiert das, was ich schon oft von Menschen gehört habe, es fließt einfach aus mir heraus, ich habe das Gefühl, dass nicht ich es bin, die dieses Buch schreibt. Es ist eine höhere Energie die durch mich durchfließt. Es sind meine Hände, die ausgewählt wurden dies auf weltlicher Ebene zu tippen und zu transportieren, weil das Leben einfach schön ist.

Ich habe sehr viele Bücher gelesen. Eine Freundin fragt manchmal, wie ich mir das alles behalten könne? Ich sage ihr, dass ich mit Sicherheit viele der gelesenen Zeilen nicht in Worten wiedergeben könne, doch alles, was ich lese, fließe über in meine Zellen. Es sei alles in mir, jedes Wort.

Ich bin oft umgezogen in meinem Leben. Ich habe mit meinem Exmann ein Haus gekauft, wohnte in den unterschiedlichsten Wohnungsgrößen. In diesem Moment wohne ich in der kleinsten Wohnung, die ich je gemietet habe und das Wunderbare an dieser Wohnung ist, ich habe hier so viel Raum wie noch nie. Ich habe meinem Seelenpartner vorgestern das Foto meiner Visitenkarte geschickt. Zum Fotografieren hatte ich sie auf die steinerne Fensterbank gelegt, vielleicht ist es Mamor, ich weiß es nicht. Als wir telefonierten, sprach mich mein Seelenpartner auf den Mamor im Hintergrund des Bildes an. Ich scherzte: „Jetzt kann ich es dir ja sagen. Ich lebe in einem Mamorpalast. Ja, ich schreibe weise Texte und mache auf Yoga und heimlich lebe ich in einem Mamorpalast." Wir mussten sehr lachen. Dann beschrieb ich ihm: „Nein, weißt du was? Ich lebe in einer modernen Erdhöhle. Ja, wirklich. Ich wohne in einer Kellerwohnung, also Souterrain sagt man dazu, das lässt sich besser verkaufen, keiner will im Keller wohnen. Aber ich sage dir, ich liebe es, ‚im Keller' zu wohnen! Das Grundstück ist ein Hanggrundstück. Meine Nachbarin pflegt den Vorgarten, ich danke ihr oft dafür, ich liebe diesen Blick auf den Vorgarten, den ich auf Augenhöhe sehe, wenn ich im Bett liege oder am Tisch sitze. Und tiefer als ich kann man quasi nicht wohnen, wenn man Fenster und Tageslicht mag. Ich wohne in einer modernen Erdhöhle, ich bin der Erde so nah, das erdet!"

Hinter dem Haus gibt es eine Wiese. Ich kann sie nutzen, wann immer ich möchte. Muss nichts weiter tun, mein Vermieter mäht sie. Danke dafür! Sie ist voller Kräuter! Manchmal hole ich also aus meiner Bettschublade einen Campingstuhl hervor, schlendere hinters Haus und genieße es, dort auf der großen Wiese zu sitzen. Ich bin jedes Mal dankbar und spüre, wie gesegnet ich bin.

Ich lebe in der kleinesten Wohnung die ich je hatte, sie ist etwa 25 Quadratmeter groß und ich habe so viel Raum wie noch nie, lebe mitten in der Natur und habe einen Antrag gestellt, hier auch Yoga anbieten zu dürfen. Es ist unglaublich!

Immer wenn ich umgezogen bin, habe ich wieder einige Dinge aussortiert, verschenkt, weggeworfen. Ich schaue mich in meiner wunderbaren Wohnung um und bemerke, dass ich immer noch viel mehr als nötig habe.

Gestern sprach ich mit meinem Seelenpartner über meinen Tisch. Ich hatte ihn einen Tag zuvor rübergeschoben, weil ich mit einer Freundin Yoga machen wollte. Auch mit ihr hatte ich schon über den Tisch gesprochen. Ich war drei Monate in Indien, man sitzt dort selten an einem Tisch. Mein Seelenpartner sagte: „Ich merke es schon, der Tisch ist schon raus!"

Ich habe einige Bücher, sehr viele Bücher habe ich inzwischen auch in den Bücherschränken der Gemeinden verteilt. Früher wollte ich gern ein ganzes Zimmer voller Bücher haben, heute habe ich begriffen, dass auch das wieder eine unnötige Last wäre. Doch einige Bücher habe ich hier in den Regalen behalten. Ich habe inzwischen begonnen, sie einfach nochmal zu lesen. Es ist unglaublich spannend! Du bist nie derselbe Mensch wie einen Moment zuvor. Ich habe viele dieser Bücher vor vielen Jahren gelesen. Ich lese sie heute ganz anders. Ich verstand sie damals schon und bei jedem Lesen begreife ich sie noch viel tiefer. Mein Bruder lachte einmal, als ich zu meinem Neffen sagte, es sei spannend, Bücher mehrmals zu lesen, man entdecke immer etwas Neues. Mein Bruder verstand nicht wovon ich sprach.

Ich ermutigte meine Schüler sehr dazu zu lesen. Ich sagte ihnen, dass in Büchern die ganze Welt versteckt sei! Sie können in Büchern überall hinreisen. Bücher bieten dir die Möglichkeit, die Welt zu ergründen. Meine Schüler wussten, dass immer wenn Raum entstanden war, sie alle Aufgaben, die ich ihnen gestellt hatte, erledigt hatten (ich entschuldige mich an dieser Stelle für all diese schwachsinnigen Aufgaben bei meinen Schülern, vergebt mir, ich wusste nicht was ich tat!!!), dann hatten sie die Auswahl zwischen den verschiedensten Angeboten. Und nach und nach fanden sich immer mehr Kinder vor dem Bücherregal ein, nahmen sich ein Buch und tauchten ab in eine der geheimnisvollen Welten in einem Buch. Mein Kopf denkt, dass einer der größten Verluste der digitalen Welt der Verlust der Bücher ist. Zum Glück gibt es noch Bücher, wir sollten uns nicht weismachen lassen, diese in digitaler Form zu lesen!

Eines der größten Geschenke, die ich meinen Schülern machen durfte, war es, sie beim Leselernprozess zu begleiten. Ich werde nie das Strahlen in den Augen der Kinder vergessen, die gerade zum ersten Mal gelesen hatten und verstanden hatten, was sie da gelesen hatten! Mein Herz hüpft, wenn ich an diese wunderbaren Momente denke!

Ein Kind kam mit einem sehr großen Rucksack voller Lebensthemen zu mir. Im staatlichen Schulsystem war er energetisch schon abgeschrieben. Ich hatte mir irgendwelche Diagnosen angehört, alles was einem so erzählt wird. Sie waren mir völlig egal, denn ich sehe Kinder, ich nehme sie wahr, ich durchleuchte sie, sehe ihren Schmerz, ihre Wut, all diese Dinge, die ihr Potenzial unterdrücken. Ich sah dieses zauberhafte Menschenkind und wusste: „Wir zwei, wir machen das schon." Er vollbrachte Unglaubliches. Er kam einige Wochen nach Schuljahresbeginn zu mir. Er lernte mit uns die aktuellen Dinge und holte zeitgleich die verpassten Wochen des ersten Schuljahres nach. Heute würde ich ganz anders vorgehen, doch im Rahmen der staatlichen Schulklassen ist das nicht möglich. Es wird Differenzierung gepredigt und Einheitsbrei erwartet. Dieses wunderbare Menschenkind hatte gerade ganz andere Lebensthemen zu bewältigen, in der Schule waren aber die schulischen Dinge gefordert. Das ist eine völlige Misshandlung am Kind. Eine neue Schulkultur ist dringend notwendig, sie steht in den Startlöchern, es gibt schon viele Menschen, die das verstanden haben, neue Schulen wurden bereits gegründet, mit Lernbegleitern, keinen hohlen Lehrern. (Gerade merke ich, dass ich den Groll in mir dem staatlichen Schulsystem gegenüber noch nicht ganz aufgelöst habe.)

Dieser Junge biss sich, begleitet von mir, aber durch, blieb dran und wenn die Wut in ihm tobte, sah ich ihn und seine Wut, und wenn er aufgeben wollte, weil „er es nicht könne und es nie lernen würde", dann sagte ich ihm, dass er das könne, dass ich das genau wisse, weil ich es sehe. Ich habe es an dem Tag gesehen, als ich ihn zum ersten Mal sah. Und wir blieben dran. Und plötzlich las er. Er freute sich! Und eines Tages sagte er zu mir: „Frau Hesse, gut, dass du wusstest, dass ich lesen kann, als ich es noch nicht wusste. Jetzt weiß ich es auch!"

Einige Monate später verließ ich den Schuldienst. Ich traf irgendwann die Erzieherin dieses zauberhaften Menschenkindes wieder. Sie sagte mir, das Kind sei inzwischen auf der Förderschule. Die sehr unbewusste ehemalige Lehrerkollegin habe damals gesagt, „dass Frau Hesse das verbockt habe, das Kind schon längst auf die Förderschule gehört hätte." Die Erzieherin meinte zu mir, dass sie damals für mich gesprochen habe, dass sie nie eine Lehrerin erlebt habe, die Kinder so sehen könne, wie ich es könne. Ja, nun musste das Kind auf die Förderschule, denn es hatte keinen Lernbegleiter mehr, der es sah. Die Lehrer des staatlichen Schulsystems sehen das Problem immer beim Kind, sie erkennen nicht, dass sie selbst Teil des Problems sind und was sie damit den Kindern antun.

Mir ist es an dieser Stelle ein Anliegen, bestimmte Bücher ganz bewusst hier zu nennen. Da ich keine Bücher in meinen Zeilen zitiere, gibt es keine Quellennachweise. Oft werden Bücher am Ende geschriebener Bücher genannt. Ich möchte, dass sie mitten drin stehen, ganz bewusst, denn Bücher sind ein so großes Geschenk:

„Wenn Lichtkrieger lieben" von Bettina Kyrala Belitz – Dieses Buch formuliert so viel, was ich in meinem Inneren schon lange verstanden habe, ich war aber nicht in der Lage, es der Welt begreiflich zu beschreiben. Sie hat es für mich getan!

„Die heilsame Kraft unserer Beziehungen" von Thomas Hübl – Auch ihm gelingt es in seinem Buch genau das zu formulieren, was ich begriffen habe, aber nicht greifbar beschreiben konnte!

„Einbruch in die Freiheit" von Jiddu Krishnamurti – Ich las von ihm während meiner Zeit im indischen Dschungel und hörte mir im Internet einiges von ihm an. Als ich seine Worte hörte fühlte ich mich so tief verstanden, auch er spricht genau aus, was mir zu erklären nicht möglich war. Ich entdeckte dieses Buch in meinem Bücheregal wieder, als ich aus Indien zurückkam und lese es aktuell zum dritten Mal.

„Authentische Reise ins Leben" von Maria-Theresia Ott lese ich gerade zum ersten Mal. Einer meiner Erdenengel hat es mir geschenkt und ich staune. Alles in mir lebt die dort notierten Worte von Erzengel Raphael. Ich höre, spüre und verstehe die Sprache der Engel. Was sind Engel, mein Kopf denkt, so wie alles sind sie einfach eine bestimmte Energie. Vor ein paar Jahren war ich immer etwas skeptisch, was diese Dinge angeht, dachte, es sei möglich oder vielleicht einfach Spinnerei. Doch je mehr ich die Verantwortung für mich selbst übernehme, desto mehr eröffnet sich für mich in dieser Welt. Und schmunzelnd höre ich meine Bruder schon sagen: „Die hat doch echt so einen von an der Waffel!" Wunderbar, ich gestatte es ihm, so von mir zu denken. Es ist sein Thema. Und ich kann ihm sagen: „Ich habe keinen an der Waffel, die fünf Stimmen in meinem Kopf sagen es mir auch gerade!" (Kleiner Scherz, großer Bruder! Ich liebe dich!)

„Der Schlüssel zur Selbstbefreiung" von Christiane Beerlandt, ich nenne es liebevoll mein „Hexenbuch", es ist eine Enzyklopädie der Psychosomatik und unglaublich spannend!

„HEROES" von Dirk C. Fleck – *Ich lese es gerade, mein Text über Bücher war eigentlich schon fertig, mein Manuskript auch und da las ich den am Anfang dieses Buches zitierten Satz von José Mujica und spürte, dass ich doch etwas aus einem anderen Buch zitieren wollte, denn ich empfinde diesen Satz als wahren Segensspruch für mein erstes Buch.*

„Die Tyrannei des Wachstums" von Jason Hickel – Ich habe dieses Buch vor einigen Jahren gelesen. Es öffnete mir die Augen in Bezug auf das Märchen der Entwicklungshilfe.

„Das indoktrinierte Gehirn" von Dr.med. Michael Nehls – unglaublich spannend bestätigte es mir, was ich seit Jahren in unserer Gesellschaft beobachte und schwer in Worte fassen konnte. Ich werde seit Jahren gefragt, warum ich kein Smartphone habe, kein Facebook & Co, keinen Alkohol oder Kaffee trinke, keinen Fernseher habe, sehr früh schlafen gehe usw. Ich antworte: „Weil ich nicht an der allgemeinen Volksverblödung teilnehmen möchte." In der Regel nicken die Menschen ab, was ich sage, verstehen aber nicht, wovon ich rede. Am Thema Volksverblödung wollte ich auch nicht teilhaben, als auf einer Schulleiterversammlung bekanntgegeben wurde, dass nun eine halbe Millionen in die Digitalisierung der ansässigen Schulen investiert werden solle und ich wurde sehr belächelt, als ich, als einzige, widersprach und mich für eine bessere Qualität des Schulessens und Material zur Förderung der Feinmotorik der Schüler aussprach. (Immer diese verrückten Querdenker, die glauben, Bücher über Neurobiologie lesen zu müssen und dann damit öffentlich hausieren gehen.)

Folgende Worte in meinem Buch können als Zitate angesehen werden: *Bewusstsein, Unbewusstheit, Ego* und *Schmerzkörper*. Das tiefe Begreifen darüber ist beim Lesen des Buches **„Eine neue Erde"** von Eckhart Tolle in mich übergegangen. Ich hatte das, was er schreibt, schon lange verstanden, aber noch gar nicht begriffen. Ich war noch viel zu sehr damit beschäftigt, mich in meinem Ego und meinem Schmerzkörper zu suhlen. Ich kennzeichne diese Worte jedoch in meinem Buch nicht als Zitate, da sie inzwischen völlig frei in meinen eigenen Kontexten aus mir herausfließen. Mein Kopf denkt, dass man vielleicht kein anderes Buch als dieses lesen muss. In ihm steckt meiner Ansicht nach die gesamte zu ergründende Weisheit des Lebens! Ein wahrhaft großes Werk! Ich schrieb in einem Text über einen Wegbegleiter, den ich aktuell nicht mehr treffen möchte. Durch ihn kam ich an dieses Buch! Vielleicht war es eine seiner heiligen Aufgaben, mich zu diesem Buch zu führen! Er selbst hat es nicht gelesen, wir hatten uns vorgenommen, es zusammen zu tun. Doch die Unbewusstheit stand uns im Weg. Wir haben es bisher nicht umgesetzt.

Ich habe viel gelesen in meinem Leben, ich habe viele verschiedene Themenbereiche angelesen: die Epigenetik, die Chronobiologie, die Psychoneuroimmunologie, die Neurobiologie, das Feld der Darmgesundheit, die Psychologie, die Ernährung, Human Design, Betrachtungen unserer Gesellschaft, das völlig unterschätze, sehr spannende Feld des Wassers, Biografien und so vieles mehr. Das Spannende ist, dass sie alle an einem Punkt zusammenfließen. Mein Kopf denkt, dass dieser gemeinsame Punkt in den großen heiligen Schriften schon sehr lange in Worte gefasst ist. Ich glaube, je besser wir das verstehen, umso weniger Bücher haben wir dann vielleicht um uns herum. Wir geben sie einfach weiter, nachdem wir sie gelesen haben, halten nicht mehr daran fest. Vielleicht liegen dann auf unserem Nachttisch nur noch ein, zwei, drei, vier oder fünf Bücher, alle Weisheit die es zu verstehen gibt, wurde bereits vor vielen vielen Jahren ausgesprochen und notiert.

Und wenn du so gesegnet bist, diese tiefe Weisheit im Laufe deines Lebens wahrhaftig zu begreifen, dann verschenkst du vielleicht auch diese Bücher noch, die du bis dahin ggf. hundertmal gelesen hast, auf der Suche nach dir selbst, deinem wahren heiligen Kern. Wenn du dich wahrhaft selbst erkannt hast, dann brauchst du auch diese Bücher nicht mehr. Dann schwebst du in der wahrhaftigen Freude deines Seins und bist frei.

Für alle Menschen, die gerne lesen
Im Oktober 2024

Nachtrag

Ich habe gerade den Text „Bücher" beendet, runtergescrollt und festgestellt, dass ich bei meinem Manuskript bei der Meisterzahl 33 angekommen bin und plötzlich merke ich, dass sich in diesem Moment mein Groll dem staatlichen Schulsystem gegenüber nahezu aufgelöst hat!

In Liebe für alle Menschen,
die noch im staatlichen Schulsystem arbeiten
Im Oktober 2024

Göttlich vs. weltlich

Verbinde das Göttliche mit dem Weltlichen und das Weltliche mit dem Göttlichen, denn das Weltliche ist das Göttliche und das Göttliche ist das Weltliche. Wir sind göttlich, wenn wir uns trauen ganz weltlich zu sein.
Ich bin in meinem Leben vielen Menschen begegnet. Viele „Spirituelle" bekommen keinen Fuß auf den Boden. Oft haben sie zu wenig Geld und lassen sich aushalten, in welcher Form auch immer. Sie nutzen die Energie der anderen Menschen, um selbst weniger tun zu müssen, sie nehmen das Geld anderer Menschen, um selbst nicht arbeiten zu müssen und das alles tun sie unter dem Schleier der Spiritualität. Ich glaube, ich habe es in den letzten Tagen sehr tief verstanden. Ich glaube, die obige Botschaft ist, neben der Botschaft **das Heiligtum der Kindheit zu schützen,** die wichtigste Botschaft in diesem Buch.

Ich habe mich oft aussaugen lassen, ich habe unglaublich viel Kraft und Arbeit anderen zufließen lassen und wenn ich meine Grenze zog, war ich ganz schnell abgeschrieben, suchten sich diese Menschen einen neuen unbewussten Idioten, der das mit sich machen ließ. Durchgeknallte Schmerzkörper zickten oder brüllten mich an oder ignorierten mich. Oft weinte ich früher völlig überrumpelt in solchen Situationen. Heute bin ich weiser, weine nicht und denke „Das ist ja mal spannend!"

Irgendwie habe ich es geschafft, mir mein Urvertrauen zurückzuholen. Ich habe ein tiefes Vertrauen ins Leben und weiß trotzdem, dass ich mich nicht einfach auf die Straße setzen sollte und dort abwarte, im Vertrauen, dass das Leben dann schon alles regeln wird. Und gleichzeitig weiß ich, dass das Leben dennoch alles für uns regelt, denn das Leben ist immer das Leben, es fließt immer, wenn wir es ihm erlauben auch in uns. Trotzdem sitze ich nicht untätig herum. Ich habe einen wunderbaren Körper mit u.a. zwei gesunden Händen geschenkt bekommen. Das weltliche Leben enthält Arbeit. Die Arbeit im Café ist völlig weltlich und gleichzeitig kann ich dort meinen göttlichen Dienst erfüllen. Unsere Wirtschaft funktioniert irgendwie mit der Illusion des Geldes. Auch wenn ich den Tausch von Gütern in Form unseres Könnens irgendwie reiner finde, ist es aber eben so, dass die Welt in der ich lebe, mit Geld bespielt wird.

Es bringt nichts, das Geld zu verachten. Es bringt auch nichts, nicht zu arbeiten, aufs System zu schimpfen und/oder sich aushalten zu lassen. Mein Kopf denkt, dass ich an diesem Punkt inzwischen eine sehr schöne Balance gefunden habe. Ich habe verstanden, wie wenig wir im Leben brauchen. Deutschland ist ein privilegiertes Land, du hast hier alle Möglichkeiten, keiner muss auf der Straße sitzen. Ich habe „spirituelle" Menschen erlebt, die sich von ihren Eltern oder ihrem Partner aushalten lassen, solange, bis „endlich der Durchbruch kommt" und sie in Fülle leben. Mein Kopf denkt, dass diese Menschen auf diesem Weg nicht den Durchbruch schaffen werden, denn in ihnen ist keine Fülle, und wie innen so auch außen. Ich habe Menschen getroffen, sie sagten: „Für das Geld gehe ich nicht arbeiten. Ich habe das mal durchgerechnet, der Staat nimmt ja fast alles weg, ich schiebe dem Staat das nicht in den Rachen…!" Diese Menschen sprachen mit so viel Groll, es sprach das kleine verletzte Kind, das böse war, weil man ihm was auch immer weggenommen hatte oder vielleicht nie gegeben hat. Sie hielten sich lieber im Mangel, als „dem Staat" was abzugeben, bezogen aber gerne Kindergeld, fuhren auf den gut ausgebauten Straßen usw. Ich denke auch, dass zu viele Steuern gezahlt werden, ich denke auch, dass es zu viele

Schlupfwege für die Superreichen gibt, ich denke auch, dass Steuern verschwendet werden z.B. in Kriegswaffen oder Maskenskandalen!!! Und dennoch ist dieser Staat ein Konstrukt, das auch sehr sehr viele Vorteile bietet. Wir sind gesegnet in diesem privilegierten Deutschland!

Gleichzeitig ist dieses Land so voller Schwachsinn! Ich merke das gerade auch, weil ich einen Antrag auf Raumnutzungsänderung gestellt habe, damit ich in meiner angemieteten Wohnung Yogastunden anbieten darf. Ich darf in jede beliebige Wohnung fahren und Yogastunden anbieten, aber bürokratisch darf ich es noch nicht in meiner eigenen Wohnung. Ich bekomme wirklich unglaublich lustige Schreiben. Im ersten Moment kam Groll hoch, aber dann begann ich, es richtig lustig zu finden. Unglaublich viel leeres Gedöns wird gerade betrieben, die Gemeinde angeschrieben, das Gesundheitsamt, ich bekam einen Brief, ich solle bitte nicht anrufen oder schreiben, wie lange es noch dauern würde, mein Antrag sei eingegangen. Das war zwei Wochen nachdem ich ihn eingereicht hatte! Und warum das Ganze? Damit ich offiziell zwei Yogamatten auf den Boden legen darf in meiner angemieteten Wohnung. Mir wurde klar, wie viel leere Arbeit, wieviel verschwendete Energie in der deutschen Bürokratie versickert. Menschen, die das den ganzen Tag machen, können aus meiner Sicht nur völlig bekloppt sein bzw. werden. Sie machen den ganzen Tag völlig leere Dinge! Ich glaube, da bleibt am Ende des Tages wirklich nicht mehr die Kraft, um etwas Anderes zu tun, als sich stumpfsinnig zu berauschen und/oder vor den Fernseher zu setzen, der einem noch den letzten Rest Hirn aussaugt. Es ist der wahrhaftige Wahnsinn! Und unglaublich lustig! Gerade muss ich so sehr lachen!

Mir sind Menschen begegnet, die mit möglichst wenig Aufwand möglichst viel verdienen möchten, das ist die

Grundlage für irgendwelche Schneeballsysteme und es verdienen die, die oben die Schneebälle werfen. Ich habe einmal in so etwas investiert, bekam einen Haufen Geld und verspielte ihn wieder, als der Laden aus, ich glaube, eher dubiosen Gründen, hochgenommen wurde, eine spannende Erfahrung. Sehr spannend war auch, dass ich so fest im Sattel saß, sodass ich recht gelassen einfach einen vierstelligen Betrag verdaddeln konnte, obwohl ich doch „so viel" aufgegeben hatte und regelmäßig gefragt wurde, ob ich auch wirklich über die Runden kam, weil ich doch meinen Beamtenstatus abgelegt hatte, der für manche so eine Art Heiliger Gral zu sein scheint.

Wenn du verdienen möchtest, ohne etwas dafür zu tun, dann wird dich kein dadurch erreichter Cent füllen. Jeder auf diese Weise erworbene Cent wird dich noch leerer machen und diese Leere kreiert den Raum des noch mehr haben Wollens, denn du merkst nicht, dass du dich nicht im natürlichen Energiegleichgewicht des Universums bewegen möchtest und katapultierst dich somit in die Illusion des materiellen Reichtums, welcher dich unglaublich leerlaufen lässt. Du gibst nichts, also wird dir nicht gegeben. Du hast zwar gewissen Zahlen auf deinem Konto stehen, doch energetisch läufst du völlig leer.

Ich liebe meine kleine, moderne Erdhöhle. Ich kaufe ein vergleichsweise teures Wasser, kaufe bevorzugt im Biomarkt, gehe regelmäßig in die Sauna und zur Massage. Ich lebe im völligen Luxus. Ich arbeite im Café dreieinhalb Tage, ich liebe diese Arbeit, ich würde es auch ohne Bezahlung tun, wenn unsere Gesellschaft nicht diesen Aspekt des Geldes bespielen würde. Und damit finanziere ich mir mein wunderbares Leben. Ein ganz weltliches Leben, welches ganz viel Raum für das Göttliche bietet.

Als ich in Indien war, wurde ich oft nach Geld gefragt. Manchmal gab ich welches, manchmal wurde mir dann gesagt, dass sei etwas wenig für eine Weiße, man wolle mehr. Das hat mich wirklich überrascht! Ja, ich bin eine weiße Frau und habe mehr als genug Geld, doch ich arbeite viel dafür und habe nicht das Anliegen, andere Menschen mit durchzufüttern, nur weil sie glauben, in der Verkleidung eines Babas hier in Rishikesh auf der Straße sitzen zu müssen und mich nach Geld zu fragen, anstatt einer sinnvollen Tätigkeit nachzugehen.

Wir dürfen unseren Frieden machen, mit allem was ist und wir dürfen die Balance zwischen dem Weltlichen und dem Göttlichen finden, denn letztendlich ist alles eins. Ich glaube, in vielen Menschen ist eine Unausgewogenheit in eine Richtung. Kirchen predigen Heiligkeit, leben sie aber nicht. Spirituelle predigen Spiritualität, leben sie aber nicht. Viele Menschen haben gar keinen Bezug zum Heiligen, zum Spirituellen, zum Leben, zu ihrem wahren Kern, konsumieren, sind Ratten des Systems, sie verpassen die ganze Schönheit in ihrem materiellen Kerker.

Ich glaube, es steht jedem Menschen sehr gut, ganz weltlich und dabei gleichzeitig ganz göttlich zu sein, denn letztendlich, ist alles eins, wir haben aber die klare Sicht darauf vergessen, weil wir alles zu sehr durch unsere Brille sehen.

Für alle,
die wieder mehr in Balance kommen möchten
Im Oktober 2024

Seinen Frieden mit dem Tod machen

Ich schreibe diesen Text unmittelbar nach dem Lesen eines Buches. Das Buch hat eine liebe Kollegin aus dem Café geschrieben. Als ich in Indien war teilte mir unsere gemeinsame Chefin mit, dass ihr Mann gestorben sei. Kurz bevor ich nach Indien aufbrach sprachen diese Kollegin und ich in der Backstube noch genau über diese Thematik, über die Epilepsie ihres Mannes und die Tatsache, dass er jederzeit im Schlaf sterben könne, wenn er einen Anfall bekäme und er, wenn keiner da sei, einfach ersticke. Wir ahnten nicht, dass genau dies passiert sein würde, wenn ich aus Indien zurückkommen würde.

Ich weiß schon länger in mir, was ich gleich über den Tod schreiben werde, es ist schon zu einem anderen Zeitpunkt aus mir herausgeflossen, jedoch noch nicht getippt. Ich hatte überlegt, ob ich das Buch vor dem Schreiben dieses Textes oder nach dem Schreiben dieses Textes lesen solle. Ich las es vorher. Ich habe es eben gelesen. Das Lesen hat meine Zellen komplett auf die weltliche Ebene des Todes eingestellt.

Was bleibt auf weltlicher Ebene, wenn die Liebe unseres Lebens von uns geht? Ich weiß es nicht, ich habe es in diesem Leben zum Glück nicht erfahren müssen! Meine Kollegin weiß es, du kannst es in ihrem Buch nachlesen: „Life must go on – Scheißhaussprüche und meine Trauer". Ich habe sie damals nicht gefragt wie es ihr geht, ich frage das selten Menschen, ich sehe ja, wie es ihnen geht, ich spüre es. An den besonders beschissen-beschissenen Tagen bot ich ihr einfach meine Umarmung an. Ich bin ihre Umarmerin auf der Arbeit.

Auf weltlicher Ebene ist nicht zu begreifen, warum so etwas passiert. Auf weltlicher Ebene bricht deine ganze Welt zusammen. Ich habe gerade eine große Erfurcht vor dem, was ich gleich schreiben werde, weil ich meine Kollegin seit Monaten beobachte. Ich maße mir nicht an, auf weltlicher Ebene etwas vom Tod zu verstehen, er ist mir kaum begegnet und in meiner zerrütteten Familie hat er mir nie Schmerzen bereitet. Nicht als meine Vater starb, nicht als sein Vater kurz danach starb, nicht als meine Oma vor kurzem starb. Ich habe lediglich darüber geweint, dass es nie eine Verbindung gab, dass ich „nie einen Vater hatte", ja, das war traurig zu realisieren. Die Traurigkeit darüber verstrich aber recht schnell wieder. Meine Uroma starb vor vielen Jahren. Sie war Weltenbummlerin und fiel mit 87 im Urlaub um und war tot. Da gibt es irgendwie nichts zu betrauern, es war so völlig in Ordnung.

Also, liebe Sarah, auf weltlicher Ebene habe ich keine Ahnung vom Tod und ich bin ein kleiner Yogigeist und das voranstehende Kapitel benennt das Weltliche und Göttliche, dass es letztendlich eins ist. Darum fange ich jetzt an und hoffe, dass mein Text nicht in dein nächstes Buch „Scheißhaussprüche 2.0" einfließt. Ich bewundere dich jeden Tag!

In unserer Gesellschaft ist der Tod ein totes Thema. Der Tod wird aus meiner Sicht verdrängt. Ich glaube, die Menschen haben Angst vor dem Tod, weil sie Angst vor dem Leben haben. Sie leben nicht, darum haben sie Angst vor dem Tod, denn in den letzten Sekunden ihres Lebens merken sie vielleicht, wie wenig sie gelebt haben. Ich habe irgendwo mal gehört, dass die meisten Menschen mit 30 Jahren bereits gestorben sind, beerdigt werden sie viele Jahre später.

Kurz bevor ich 30 wurde, trennte ich mich von meinem Mann, zog aus dem gemeinsamen Haus aus, wir ließen uns in völligem Frieden scheiden und sind bis heute sehr verbunden. Er holte mich am Flughafen ab, als ich nach drei Monaten aus Indien zurückkam, mit etwas zu Essen in der Hand. Ich liebe ihn bis heute so sehr. Doch ich bin damals ausgestiegen, war dabei zu sterben, verstehe es ganz tief erst heute, lebte nicht, bewegte mich in alten Mustern und der Illusion aus Haus, Ehe, Kind, Beamtenstatus, worauf ich nie großen Wert gelegt hatte und trotzdem hineingeraten war. Ich hatte ihm gesagt, dass es irgendwie der falsche Moment zum Heiraten sei und ich kein Haus wolle, entschied mich dann aber doch dafür. Diese Illusion ist eine große Seuche unserer Zeit, Menschen bekommen Kinder, lange bevor sie bereit dazu sind und so zieht sich das Elend des Lebens in Mustern und Konditionierungen scheinbar ewig weiter. Und irgendwann bleiben die Menschen aus Gewohnheit und Trägheit, aus Angst vor Veränderung, aus Angst davor, die volle Verantwortung für sich selbst zu übernehmen in diesen völlig verstrickten Verbindungen, die das Drama aufrechterhalten. Es ist höchste Zeit, diese Muster zu durchbrechen, das ist der Grund, die Botschaft, warum dieses Buch durch mit durchfloss.

Ich glaube, ich habe meinen Frieden mit dem Tod gemacht. Ich habe keine Angst vor dem Tod, weil ich volle Kraft voraus lebe. Ich habe mir meinen Tod schon oft vorgestellt. Ich glaube, ich werde, wenn ich 96 bin, vom Bus überfahren. Ernsthaft! Mir kam vor Kurzem dieses Bild. Warum? Das hat mehrere Gründe:

Ein Astrologe hat mir ein langes Leben vorausgesagt, er sagte, ich werde mindestens 95 und mein Gedanke war: „Ach du Schreck, das ist ganz schön lang." Ich hatte mir so gedacht, 80 Jahre, länger möchte ich nicht, ist doch irgendwie ganz schön stramm hier auf der Erde. Ich beobachte viel. Mit 80 ist doch bei vielen irgendwie schon lange der Ofen aus, sie vegetieren energetisch betrachtet nur noch vor sich hin. Ich sage das in vollem Respekt älteren Menschen gegenüber, es ist aber nun mal das, was ich sehe. (Und für alle, die sich fragen, ob ich mich wirklich auf die Aussage eines indischen Astrologen stützen möchte: Er sagte auch, es liege in meinen Sternen, irgendwann Bücher zu schreiben, zu heilen, mein Wissen weiterzugeben und, dass ich eine gute Yogalehrerin sei.)

Ich beschäftige mich schon lange mit Gesundheit, Ernährung, der Schönheit des Lebens, raus aus dem ganzen Drama, ihr konntet es auf den vergangenen Seiten lesen. Also wuchs in mir das Gefühl, dass ich dann aber schon echt gesund mindestens 95 Jahre alt werden möchte. Irgendwo rumvegetieren, ach du Backe, echt keine Lust. Aktuell glaube ich, dass ich auf einem guten Weg bin. (Und da sind sie wieder, die Stimmen des intergalaktischen Cafés: „Demut Jeanette, Demut.")

Nun, die Sache mit dem Bus: Ich spiele schon mehrere Jahre das Spiel: „Wenn ich morgen vom Bus überfahren werden würde…" Ja, ich denke da wirklich regelmäßig drüber nach, ich weiß todsicher, dass das Leben auf der Erde endlich ist. Und dann überlege ich, was ich in meinen letzten Minütchen bereuen würde nicht getan oder getan zu haben. Ich tat das zum ersten Mal auf einem schamanischen Seminar. Ich war mit allem tutti, außer meinem Beamtenstatus! Ja, ganz im Ernst! Ich saß da und dachte: „Scheiße, wenn ich morgen vom Bus überfahren werden würde, würde ich als Beamte sterben!" Von da an waren meine Tage als Beamte gezählt. Ich habe mich nie als Beamte geeignet. Ich arbeite nämlich tatsächlich gerne! Und ich sage was ich denke! Wenn meine damaligen Vorgesetzten das gewusst hätten, hätten sie mich sicher nie verbeamtet. Es kam auch nicht so gut an, als mir irgendwann gesagt wurde, dass ich Beamte sei und mich zu fügen habe, dies mich recht kalt ließ und ich antwortete: „Ich bin in erster Linie Mensch und eine eigene Meinung steht mir unausweichlich jederzeit zu." Jedenfalls spiele ich seit dieser Erkenntnis regelmäßig: „Wenn ich morgen vom Bus überfahren werden würde…"

Vor ein paar Tagen dachte ich dann: „Jeanette, woran stirbst du eigentlich, wenn du voll gesund so als Yogaoma mindestens 95 Jahre alt wirst?" Und da kam es mir! Völlig logisch! Ich werde mit 96 Jahren vom Bus überfahren! Herrlich! Ich werde wohl die zufriedenste vom Bus Überfahrene aller Zeiten sein.

Ob es wirklich so kommt? Ich habe keine Ahnung! Aber ich habe es gerade schriftlich manifestiert. Und wenn es doch anders kommt, hat mein Bruder vielleicht doch die ganze Zeit recht gehabt mit: „Die hat echt völlig einen an der Waffel!"

Vielleicht werde ich aber auch nicht vom Bus überfahren und hatte trotzdem keinen an der Waffel. Oder ich werde vom Bus überfahren und hatte trotzdem einen an der Waffel. Das Universum kennt die Antwort, für mich wäre es, wie gesagt, auch ok, morgen schon vom Bus überfahren zu werden. Ich habe meine Hausaufgaben gemacht, könnte ganz im Frieden gehen. Oder nein, doch nicht, es gibt da noch eine Sache mit meinem Lieblingsmenschen, die ist noch nicht ganz durch. Wenn sie ganz gelebt ist, dann kann der Bus kommen. Ich glaube, dass dauert aber noch etwa 58 Jahre!

Ich dachte, ich wüsste, was ich schreiben würde, es wurde jedoch jetzt doch etwas bussiger und waffeliger als gedacht.

Aber vielleicht ist das genau der Punkt. Ich glaube, der Tod ist keine ernste Sache, wir machen ihn aber dazu und ich betone nochmals, dass ich gerade nicht in der Haut meiner Kollegin stecken möchte. Ich frage mich, wäre ich auch noch so weise, wenn die Liebe meines Lebens gerade gestorben wäre? Falls ich jetzt ja sage, muss ich die Zeilen etwas höher nochmal revidieren, die mit meinem Lieblingsmenschen, da hafte ich doch noch an, merke ich gerade.

Und diese ganz Anhaftung, die ist aus meiner Sicht das Problem auf weltlicher Ebene. Wir haften an so vielem an. Und so haften wir auch noch an den Menschen, für die es Zeit war zu gehen. Sie hatten ihren Seelenplan erfüllt. Ich bin mir sicher, dass der Mann meiner Kollegin als neue Seele auf die Welt kommen wird. Vielleicht auch nicht, vielleicht war er so weise, dass er alles gelernt hatte, was es zu lernen gibt. Ich kannte ihn nicht gut, aber er war echt einer der lustigsten Menschen, die mir je begegnet sind, und meiner Ansicht nach besteht der Sinn des Lebens darin, die Freude am Sein zu entdecken. Ich glaube, das hatte er geschafft. Die wenigen Male, die wir zusammenarbeiteten, war es uns nicht möglich, quatschfrei miteinander zu reden. Dann wäre er jetzt durch und sitzt fröhlich im intergalaktischen Café. Vielleicht sagt er: „Herrlich, endlich habe ich auf der Erde kochen gelernt, den Fraß hier oben habe ich noch nie gemocht. Und wisst ihr was, Liebe geht bekanntlich durch den Magen, das sagen die Menschen auf der Erde so! Ich durfte auf der Erde nicht nur das Kochen lernen, sondern auch, was es heißt, wahrhaft geliebt zu werden und wahrhaft zu lieben. Schaut mal da, da unten, da ist Sarah, die Liebe meines Lebens. Und da, da sind unsere Kinder, in ihnen bündelt sich die gesamte Kraft unserer Liebe und sie tragen sie hinaus in die Welt, bei jedem Schritt den sie tun. Sarah hat sogar ein Buch geschrieben, da könnt ihr es nachlesen. Ihr könnt da auch nachlesen, dass die Menschen auf der Erde noch ordentlich Nachholbedarf in Sachen

„Umgang mit dem Tod haben", ihr glaubt nicht, was Sarah sich für eine Scheiße anhören musste."

Ok, das Universum schreibt meinen Text über den Tod gerade nochmal ganz neu. Ich lasse mich darauf ein.

Corona hat gezeigt, wie viel Angst die Menschen vor dem Sterben haben, darum haben sie einen Haufen Mist mitgemacht und über ihre Kinder ergehen lassen.

Wir halten uns für unsterblich, so lange, bis es uns erwischt. Manche waffeligen Yogiomis denken sogar, dass sie mit 96 fröhlich vom Bus überfahren werden, ja, soll es geben! Verrückte Welt!

Ich wusste bis eben nicht, das mein Text über den Tod so fröhlich wird, passt aber zu mir. Mein Motto: Entdecke in dir die Freude am Sein! Lebe mit allem was du hast, schließlich könntest du morgen vom Bus überfahren werden!

Ich bin zutiefst davon überzeugt, dass alles im Leben einen Sinn hat, dass wir einen Seelenplan haben, darum habe ich weder Angst vor dem Leben, noch Angst vor dem Tod. In Sarahs Buch hat mich erschreckt zu lesen, dass wir in einer Gesellschaft leben, in der du selbst nach dem Tod der Liebe deines Lebens einfach wieder funktionieren musst. Ich habe selbst ein großes Thema mit dem Funktionieren, weiß, wie sehr ich es mir selbst auferlegt hatte. Ich weiß nicht, in wie weit Sarah das tut, maße mir auch nicht an, es ihr zu unterstellen. Und wenn die Liebe meines Lebens morgen sterben würde, dann wäre ich unendlich traurig, würde mich verkriechen und es durchfühlen. Und irgendwann, ich weiß nicht nach wie langer Zeit, würde ich wieder rauskommen, würde verstehen, welche Lektion dahinter steckt, und bis dahin würde ich beten, dass jeder Sarahs Buch gelesen hat und alle mir bitte ihre Scheißhaussprüche ersparen, denn bei allem höheren Sinn, bei aller Schönheit, die das Universum uns

zu bieten hat, bei allen Lektionen, die wir zu lernen haben, um weiter zu wachsen: auf weltlicher Ebene ist es
wohl einer der schlimmsten Fälle der eintreten kann,
wenn die Liebe deines Lebens plötzlich und unerwartet
stirbt!

Ist der Tod auf weltlicher Ebene einfach immer ein
dummes Arschloch? In Sarahs Fall bestimmt. Ich kann
mir kein Szenario vorstellen in dem sie irgendwann sagt:
„Ach, wie gut, dass Nils damals gestorben ist, sonst hätte
ich das, das und das nicht gelernt." Auch Sarahs Kinder
werden mit Sicherheit nie so etwas sagen. Es ist einfach
unglaublich fies, wenn ein Papa so früh geht. Doch warum ist es für uns in Ordnung, wenn ein älterer Mensch
stirbt, der „sein Leben gelebt hat", der „nach langer
Krankheit stirbt"? Der Tod ist doch einfach immer der
Tod? In den Fällen ist er dann doch kein dummes Arschloch. Warum ist das so?

Es hängt also alles von dem Blickwinkel ab und Sarah
hat mit Sicherheit berechtigter Weise einen anderen
Blickwinkel als Menschen, die um ihre 96-jährige Yogiomi trauern, die fröhlich vom Bus überfahren wurde und
deren letzte Worte vielleicht waren: „Da kommt er ja
endlich!"

Letztendlich hängt es auf weltlicher Ebene einfach
von uns selbst ab, mit dem Tod unseren Frieden zu machen. Auf göttlicher Ebene ist das leicht, da hat alles einen Sinn. Aber auf weltlicher Ebene kann man es einfach
nur aushalten und warten, irgendwie seinen Frieden damit machen, auf ganz persönliche Weise, zu einem ganz
persönlichen Zeitpunkt. Und währenddessen hält man
sich von allen Scheißhaussprüchen am besten so weit wie
möglich fern, denn wir leben in einer sehr unbewussten
Welt, die nur heil werden kann, wenn wir mehr Bewusstheit in ihr säen.

Für Sarah und Nils
Im Oktober 2024

Von Bussen und Beerdigungen

Gestern schrieb ich den Text über den Tod. Heute Morgen wachte ich auf und hatte einige Nachträge in meinen Zellen. Es ist in den letzten Tagen immer so. Ich denke eigentlich nicht über das Buch nach, alles kommt einfach durch mich durch und dies besonders nach dem Aufwachen. Irgendwo habe ich mal gelesen, dass wir im Schlaf unserer Seele am nächsten sind. Ich gehe damit sehr in Resonanz.

Oben schrieb ich, dass ich todsicher wisse, dass das Leben auf der Erde endlich sei. Was für ein Unsinn! Durch die weltliche Brille der meisten ist es sicher so, auf höherer Ebene ist es Blödsinn.

Ich sagte früher, wenn wir einen Käfer oder Regenwurm sahen, oft zu meinen Schülern: „Rettet die Regenwürmer, es könnte euer Urgroßvater sein!" Warum ich das sagte? Weil es so ist! Was passiert mit dem Körper, wenn dieser „stirbt"? Er löst sich wieder in seine Bestandteile auf. Woraus besteht der Körper? Zum Großteil aus Wasser und dann noch ein paar Mineralien, so ganz grob formuliert. Wenn der Körper oder die Asche nun in den Boden gelegt werden, fließt das alles zurück in die Erde und verteilt sich neu. Der Regenwurm frisst sich durch die Erde, nimmt das Wasser in sich auf. Vielleicht wächst ein Grashalm daraus, der Grashalm wird gefressen. Und zack, da siehst du es, so wird dein Urgroßvater zum Regenwurm oder zum Grashalm oder zur Amsel und vielem mehr.

Die Illusion dieses einen menschlichen Körpers hat die Form verändert, doch alles ist noch da, es hat nur den Ort gewechselt. Alles ist Energie und Energie verschwindet nicht, sie wechselt nur den Ort. Unser Körper besteht aus Atomen. Und woraus bestehen Atome? Zum Großteil aus leerem Raum. Wir sind also leerer Raum. Das verstehen die meisten Menschen aber nicht und haften an und kreieren somit einen Haufen Leid, in dem sie sich suhlen können, ihre so sehr geliebte Opferrolle einnehmen können. Um wen weinen wir, wenn jemand stirbt? Eigentlich nur um uns selbst, oder? Der Mensch, der die Form geändert hat, braucht keine Trauer, er ist ja nie gegangen, er ist doch mitten unter uns. *(Gestern rief ich beim Lesen meines Manuskripts meine Schwester an, sie hat Physik studiert, ich wollte wissen, ob die obigen Zeilen mit der Energie, die nicht verschwinden könne und den Atomen, physikalisch nach aktuellem Stand stimmen? Sie bestätigte mir dies und erzählte, dass es irgendwelche Berechnungen gebe, die berechnen, zu wie vielen Teilen ein Mensch aus den Atomen Jesu oder Goethes bestehe. Das fand ich sehr spannend und freute mich, weil es mir bestätigte, dass der Regenwurm auf dem Schulhof durchaus der „Urgroßvater" des Schülers gewesen sein könnte.)*

Doch was hält diese Illusion des Körpers am Leben? Die Brille unserer Wahrnehmung und auf höherer Ebene die Magie des Lebens. Ja, es ist Magie, es ist ein Wunder, wie das Leben so lebt. Auf Verstandesebene können wir das nicht begreifen. Wir können es nur fühlen, erfahren, leben, das ist Yoga!

Die Welt ist voller Paradoxe. Sarahs Mann ist gegangen, doch eigentlich kann er gar nicht gehen, er ist überall und war schon immer überall und wird es immer sein.

Doch für diese weltliche Sarah, in dieser weltlichen Ebene ist und bleibt es einfach eine Katastrophe. Das ist weltlich, das ist menschlich. Und wie sie schreibt, können manche Wunden nicht heilen, hört die Liebe nicht auf, warum sollte sie auch? Liebe ist ewig. Und trotzdem wünsche ich ihr, dass sie irgendwann, diese unglaublich große, nur irgendwie geradeso zu ertragende Wunde mit

Gold auffüllt. Mir wird gerade klar, dass ihr Buch zeigt, dass dies schon lange geschehen ist, sie ist aber völlig menschlich gerade noch nicht in der Lage es zu erkennen. Es steht ihr zu, zu trauern, zu zweifeln, wahnsinnig zu werden, zu toben, ihr steht alle Trauer dieser Welt zu und keinem Menschen steht es zu, sie mit irgendwelchen Scheißhaussprüchen zu nerven, und dies eigentlich auch nur aus dem Grund, weil der Sprechende selbst mit dem Thema Tod überfordert ist.

Und wenn sie durch ist, durch ihren ganz menschlichen Weg der Trauer, als Witwe und Mama und Konditorin, dann wird sie ganz sicher irgendwann erkennen, dass die Wunde in ihrem Herzen schon lange mit Gold aufgefüllt wurde, mit dem Gold der ewigen Liebe, der Liebe von Sarah und Nils.

Ich schrieb oben auch, dass ich noch nicht sehr oft mit dem Tod in Berührung gekommen sei. Interessanterweise sind mir heute Morgen aber dann doch Beerdigungen eingefallen, auf denen ich war. Ich bin auf Beerdigungen völlig überfordert, weil reizüberflutet. Ich spüre die Energien aller Menschen, das weiß ich heute, früher jedoch verstand ich nicht, warum ich so unglaublich viel weinen muss auf Beerdigungen, auch wenn der Verstorbene mir nicht so nah stand. Heute weiß ich es, weil ich die Energien aller Menschen um mich rum spüre.

Ich war auf der Beerdigung meines früheren Chefs. Ich arbeitete einige Jahre in seinem Restaurant. Er war ein „typischer" Italiener, voller Feuer, voller Amore und als Chef unglaublich anstrengend, aber einfach eine Seele von Mensch. Er trank seinen Espresso immer mit zwei Tütchen Zucker. Ich machte ihm jahrelang Espresso, jedes Mal betonte er diese zwei Tütchen Zucker. Und er rauchte. Wenn ich etwas dazu sagte, wollte er mich immer überzeugen, dass Rauchen gesund sei. Er starb später dann recht jung an Lungenkrebs. Auf der Beerdigung weinte ich. Und weinte. Und weinte. Dann kam diese für mich schreckliche Situation, in der man an das offene Grab tritt. Ich warf ihm zwei Tütchen Zucker ins Grab, ich wusste, egal wo er nun auch sei, die durften nicht fehlen. Als ich mich umdrehte, packte mich plötzlich sein ältester Sohn und umarmte mich so fest. Wir hatten uns ein paar Mal im Restaurant gesehen und geplaudert. Ich war völlig überrascht als er mich packte und mich am Grab seines Vaters umarmte. Dann ließ er mich los und ich ging so schnell ich konnte weg. Ich weinte völlig überfordert, überflutet von allem.

Ich war auch auf der Beerdigung der guten Seele des Musikvereins, in dem ich viele Jahre spielte. Er liebte das Lied „Amazing grace". Daher druckte ich es auf ein Blatt Papier gemeinsam mit einem Foto, auf dem er und ich tanzen und lachen. Seine Frau verschenkte viele seiner Sachen. Ich durfte Wollsocken aus seinem Sockenkorb nehmen, so viele ich wollte. Während ich das schreibe, trage ich genau ein Paar dieser Socken. Für mich ist Erich nie gegangen. Er ist immer einfach da, weil alles verbunden ist, weil alles Energie ist.

Ich war auch auf der Beerdigung des Vaters des damaligen besten Freundes meines Exmannes. Ich kann mich nicht sehr gut daran erinnern, aber an eine Szene kann ich mich noch sehr gut erinnern: Irgendwann nach der Beerdigung waren wir bei meinen damaligen Schwiegereltern und die Mutter meines Mannes hatte nichts Besseres zu tun, als über das „für eine Beerdigung viel zu bunte Outfit eines Sohnes des Verstorbenen" herzuziehen. Es erstaunte mich damals sehr. Es ist erstaunlich, was wir Menschen uns in unserer Unbewusstheit manchmal erlauben.

Als mein Zahnarzt starb, trauerte ich mehr um ihn als um meinen eigenen Vater. Es war wirklich erstaunlich. Er behandelte mich während einer der schrecklichsten Zeiten meines Schuldienstes und er sagte damals schon: „Jeanette, du musst da raus, das macht dich doch völlig kaputt." Er hatte völlig recht, ich hatte es damals noch nicht begriffen. Ich glaube im intergalaktischen Café freut sich gerade eine Seele, während ich diese Zeilen schreibe, denn ich schreibe sie ohne Beamtenstatus! Wie sehr auch ich mich darüber freue!

Ich war auch auf der Beerdigung des Schwagers meines früheren Posaunenlehrers. Sein Schwager war völlig unerwartet gestorben. Auch hier ging ich irgendwann so schnell wie möglich, weil mich alles einfach völlig überflutete. Ich werde nie den Anblick seiner Witwe vergessen, den Moment, als ich sie zum ersten Mal an diesem Tag sah, dem Tag, an dem sie ihren geliebten Mann zu Grabe trug.

Und während ich das schreibe, wird mir wieder bewusst, warum es so wichtig ist zu leben! Leb dein Leben, lebe jede Sekunde, lass dich nicht von irgendwelchen Konditionierungen und Ängsten davon abhalten. Wirf dich voll und ganz in den Fluss des Lebens!

Das waren die Beerdigungen, ich habe in der Überschrift noch Busse versprochen:

Heute Morgen kam mir, dass wenn ich in 58 Jahren fröhlich vom Bus überfahren werde, die Menschen sicher ein großes Drama machen. Menschen lieben das Drama. Und mein Kopf dachte, oh nein, was für ein Schreck für den Busfahrer, wer will schon eine Yogiomi auf dem Gewissen haben? Und dann dachte mein Kopf, ach Quatsch, in 58 Jahren wird es wahrscheinlich gar keine Busfahrer mehr geben und wenn die Menschen nicht anfangen aufzuwachen, werden sie in ihrer digitalen Welt gar nicht mitbekommen haben, das gerade eine fröhliche Yogiomi überfahren wurde. Das wäre insgesamt menschlich betrachtet eine Tragödie, für die Yogiomi wäre es aber herrlich, rums, gesund und munter und zack, vorbei. Vielleicht wird es auch eigentlich unmöglich sein vom Bus überfahren zu werden, weil alles so digital und gesteuert und gesichert sein wird, dass keine Menschen mehr überfahren werden. Und trotzdem sage ich euch: „Wenn es mein Seelenplan ist, mit 96 fröhlich vom Bus überfahren zu werden, dann wird es so kommen, egal wie unmöglich dies für unseren unglaublich beschränkten, menschlichen Verstand auch sein mag."

Ich merke gerade, dass ich mit Sarahs Buchtitel, dass „das Leben weiter gehen müsse" nicht in Resonanz gehe. Das Leben muss nicht weiter gehen, es fließt ganz automatisch weiter, ob du willst oder nicht. Und wir dürfen uns entscheiden, ob es auch für uns ganz persönlich weitergehen darf/ soll oder nicht. Gleichzeitig spüre ich, dass sich das als zukünftige Yogiomi viel leichter sagen lässt, als für eine Sarah in ihrer aktuellen Situation.

Für alle Busfahrer
Im Oktober 2024

Entensex

Gestern saß ich an einem wunderbaren Weiher. Das auffällige Geschnatter eines Entenpärchens weckte meine Aufmerksamkeit. Plötzlich fingen sie auch an, ihre Köpfchen hoch und runter zu bewegen. Das Männchen mehr als das Weibchen. Ich dachte mir bei dem Anblick, dass die Natur sich schon sehr alberne Dinge einfallen lassen hat, dieses Balzverhalten ist wirklich ulkig. Da dachte ich auch an die Menschen, oh man, wie albern ist unser Balzverhalten erst. Ich beobachte ja viel, ich finde es einfach faszinierend, wie sich viele Menschen geben, posen, schminken und was alles noch machen, weil sie ihre tatsächliche Schönheit nie erkannt haben. Währenddessen machten die Enten weiter ihr Köpfchen hoch und runter. Allein das Geschnatter und die Köpfchen fand ich schon so herrlich, es hätte nichts weiter passieren müssen. Doch es ging noch weiter. Irgendwie hatte das Weibchen dem Männchen dann ein ok gegeben, denn nun kletterte er im Wasser auf sie. Das hatte zur Folge, dass sie komplett im Wasser versank. Während der Erpel nun auf der Ente mit seinem Schwänzchen hin und her wackelte, packte er mit dem Schnabel den Hals der Ente, zog das Köpfchen aus dem Wasser, damit sie atmen konnte. Das fand ich doch sehr nett von ihm. Sein Schnabel rutschte ab, doch er wiederholte seinen Griff und wieder konnte seine Holde atmen. Das Ganze dauerte nicht sehr lange, ich war völlig fasziniert und begeistert. Doch was geschah nun: Der Enterich sauste nun wie eine Rakete schwimmend im Kreis um das Weibchen, ein oder zwei Runden, so als würde er sagen: „Ich bin der Größte!" oder einfach völlig im Rausch der Evolution nach dieser Vereinigung, denn ja, es ist letztendlich absolut magisch, dieser Moment, in dem neues Leben entsteht. Nach seiner

Raketenrunde schwammen die beiden ein Stück voneinander weg und putzten sich. Ein bisschen hier, ein bisschen da, tranken ein Schlückchen, ganz so, als sei nie etwas gewesen. Es war alles so heilig, so unkompliziert. Was machen wir Menschen doch oft für ein Drama in all diesen Dingen. Als sie sich geputzt hatten schwammen sie kurz zusammen weiter, trennten sich, die Dame stellte sich auf eine kleine Insel im Weiher, der Herr plauderte ein bisschen mit zwei Entenkumpel. Irgendwann schnatterte die Ente dann ordentlich los, das Männchen schwamm zu ihr zurück und sie schwammen sehr vertraut unter einem Baum in der Schönheit des Weihers. Ich spazierte weiter.

Warum erzähle ich das alles? Ehrlich gesagt, habe ich keine Ahnung. Es hat mich einfach begeistert und ich habe so etwas noch nie gesehen, obwohl ich schon oft Enten beobachtet habe. Besonders diese Raketenrunde des Männchens nach ihrer Verschmelzung. Es war einfach sehr lustig und magisch, so herrlich albern und voller Schönheit.

Für alle, die noch nicht verlernt haben,
ganz still dazusitzen und zu staunen
Im Oktober 2024

Essen

Es ist sehr erstaunlich, aber völlig logisch. Ich esse sehr gerne, kompensiere mit essen. Und nun sitze ich hier, schreibe all diese wunderbaren Worte, reflektiere, weine, lache, staune, durchfühle es und merke, dass ich in diesem Zustand gar keinen Hunger mehr bekomme. Gestern war es auch so. Ich hatte gekocht und zu meiner gewohnten Zeit aß ich, nach zwei Gabeln merkte ich, dass ich eigentlich gar keinen Hunger habe. Ich esse in der Regel ab 12 Uhr mittags und zuletzt um 20 Uhr. Und da saß ich nun und merkte, dass ich in Fülle bin, dass ich vielleicht das erste Mal in meinem Leben von Herzen satt bin, so gehüllt in Frieden und Selbstliebe, dass es nichts mehr zu kompensieren gibt, ich gar nicht essen muss.

Und ja, man nennt das Essen in einer gewissen Zeitspanne heute Intervallfasten. Aktuell ist es ein großer Hype, was grundsätzlich nicht schlecht ist. Ich mache das aber schon seit Jahren so, lange bevor ich von diesem Begriff hörte, weil mein Körper mir einfach schon immer sagte, dass er morgens nichts essen wolle. Mir wurde damals so oft gesagt, wie wichtig es doch sei, zu frühstücken, wie ich das aushalten könne, erst ab mittags zu essen. Die Leute, die das damals fragten, würden heute sicher nicht mehr fragen, jetzt hat ja fast jeder davon gehört. Und ich habe mir damals schon erlaubt, auf meinen Körper zu hören, auch wenn es in meinem Umfeld keiner verstand. Die Freude am Sein und unsere Gesundheit hängen ja zum Glück nicht davon ab, ob es andere begreifen können oder nicht.

Für alle, die auf ihren Körper hören
Im Oktober 2024

Begegnungen mit dem Tod

Vorgestern schrieb ich den Text über den Tod. Heute Morgen kam er mir wieder in den Sinn. Der Tod wirft manchmal einen stillen Blick auf dich und geht dann einfach weiter, denkt mein Kopf. Er hat es bei mir schon oft getan, ging aber immer einfach weiter. Zuletzt tat er es gestern:

Mein Bruder, seine neue Freundin, meine Nichte, mein Neffe und ich waren auf dem Heimweg. Mein Bruder fuhr das Auto. Wir waren gerade auf der Autobahn. Er und ich unterhielten uns, darum blickte er manchmal in den Rückspiegel. Plötzlich sah ich, dass wir uns den Autos vor uns ganz schön schnell näherten, ich reagierte nicht, denn unbewusst sprang in mir mein Muster an, „mein Bruder habe schon alles im Griff, mein Bruder kann alles", das ist das, was er meiner Ansicht nach zum Selbstschutz oft in die Welt hinausposaunt bzw. hinausposaunt hat. Einen Augenblick später schaute auch er wieder nach vorne, nahm wahr was geschah und riss den Lenker rüber, recht knapp am letzten Auto der Bremsenden vorbei. Es war keine große Sache, er wusste, dass das gerade knapp war, seine Freundin sah, glaube ich, dass das gerade knapp war und ich weiß es auch. Die Kinder bekamen nichts davon mit, glaube ich. Der Tod hatte kurz seinen Blick auf uns gewendet. Einen weiteren Augenblick später wären wir schlicht und ergreifend mit einem voll besetzten Auto volle Kanne ins Stauende gerast.

Doch der Tod ging einfach weiter und ich erkannte, dass mein unbewusstes Muster „Mein Bruder könne ja einfach alles" sich aufgelöst hatte. Mir ist schon lange bewusst, dass dem nicht so ist, aber dieses Muster war noch in mir vorhanden, ich sehe rückblickend genau, dass es angesprungen war. In letzter Sekunde hatte er es zwar tatsächlich wieder im Griff, ich glaube aber, das lag nicht an ihm, ich glaube das lag daran, dass der Tod einfach ganz still weitergegangen war.

Vor vielen Jahren fuhr ich mal zur Arbeit. Ich überholte ein mir zu langsam fahrendes Auto, nahm die Folgekurve eher rasant und als ich aus der Kurve raussauste, sah ich plötzlich vor mir auf der langen Geraden zwei LKW, nebeneinander, direkt vor mir. Es ist spannend, was sich blitzschnell im Gehirn abspielt: „Kein Platz, keine Zeit zum Reagieren, möglichst weit nach rechts, aber weit genug links, damit du nicht im Graben landest" und ich zog nach rechts. Ich kam auf einer Einbuchtung zum Stehen. Ich war an dieser dutzende Male vorbeigefahren, hatte sie aber nie bewusst wahrgenommen. Nun stand ich da, zitterte völlig aufgeregt. Bis zu meiner Arbeit waren es nur noch ein paar Meter, also fuhr ich weiter, war ja eh schon spät dran. Das Auto, das ich überholt hatte, war schon an dem Restaurant angekommen, in dem ich arbeitete. Die Menschen sahen mich und sagten: „Das war aber knapp!" Der Tod hatte einen kurzen Blick auf mich geworfen, ist dann aber doch einfach weitergegangen.

Einmal fuhr ich mit meinem damaligen Freund auf die Autobahn auf. Obwohl wir eher langsam fuhren, rutschte uns das Heck weg, weil es nach langer Zeit geregnet hatte, und rückblickend sein Reifenprofil nicht mehr das Beste war. Er lenkte dagegen, wir schlitterten auf dem Beschleunigungsstreifen der vollbefahrenen Autobahn in seinem Mazda mx5 direkt neben einem LKW hin und her, berührten mehrfach die Leitplanke und kamen auf dem Seitenstreifen zum Stehen. Abgesehen von ein bisschen Blechschaden war nichts passiert. Und ich trage es noch in meinen Zellen, es ist ein Trauma, das mir noch nicht gelungen ist loszulassen, ich merke es, wenn ich durch Kurven fahre, ich spanne meinen Unterleib dann immer unnötig an. Ich weiß, ich werde es noch auflösen, vielleicht in diesem Moment. Ja und der Tod? Er war einfach wieder einmal weitergezogen.

Einmal lag ein Freund im Krankenhaus. Morgens fuhr ich zu ihm. Ich war müde, es war neblig. Ich war völlig überreizt von den Ereignissen und fuhr im Funktionsmodus hin. Ich fuhr auf der linken Seite in einer Baustelle. Plötzlich hörte sie auf meiner Spur auf. Ich hatte die entsprechenden Schilder nicht wahrgenommen. Es blieb keine Zeit zum Reagieren. Neben mir war ein LKW. Weder bremste ich, noch beschleunigte ich. Wie von Engeln geführt zog ich einfach im letzten Moment vor den LKW. Ich weiß nicht, ob er gebremst hatte. Alles war ganz unaufgeregt, es gab kein wütendes Hupen von hinten. Ich nahm die ganze Situation sehr bewusst wahr, war völlig unaufgeregt danach und fuhr seelenruhig weiter.

Ein anderes Mal fuhr ich auf einer kurvigen Straße. Plötzlich sah ich mitten auf der Fahrbahn des Gegenverkehrs ein kleines, süßes Rehkitz. Ich freute mich! Wie süß es doch war! So schön! Wahrhaft so unglaublich süß und perfekt! Und plötzlich dachte ich: „Ach Gottchen, du kleines Ding stehst mitten auf der Straße, direkt hinter einer Kurve, wenn jetzt ein Auto kommt, bist du einfach Matsch! Lauf schnell weg!" Ich fuhr weiter. Es kam kein Auto auf der Gegenspur. Ich glaube, auch der Tod hat sich einen Augenblick dieses wirklich süße, kleine Geschöpf angeschaut und ist dann weitergegangen.

Ich bin kein wilder Autofahrer, früher war ich eine kleine Rennsau, habe mir jedoch meine Hörner in der Zeit, als ich ein recht fettes Motorrad fuhr erfolgreich abgeschlagen. Doch auch als entspannte Autofahrerin kam ich das ein oder andere Mal in beschriebene Situationen. Meine Zeit zu gehen war jedoch noch nicht gekommen.

Ich bin davon überzeugt, dass wir alle genau zum „richtigen Zeitpunkt" gehen, genau dann, wenn wir unseren Seelenplan erfüllt haben, auch wenn dies auf weltlicher Sicht nicht zu begreifen ist.

Für das kleine Rehkitz,
das hoffentlich noch viele Jahre
fröhlich durch den Wald sprang
Im Oktober 2024

Paradox

Unsere Welt ist paradox:

Manchmal musst du jemanden gehen lassen, damit er zu dir zurückkommt.

Eine Freundin schrieb mir gestern, dass alles seine Zeit brauche und dennoch immer alles „jetzt" sei.

Einmal holte ich meine Nichte ab und hatte eine Kerze zu Hause brennen lassen. So schnell wie möglich fuhren wir nach Hause, um die Kerze auszupusten und, weil wir nun zu Hause waren, konnten wir die Kerze einfach brennen lassen.

Ich war als Lehrer für den Erziehungsdienst angeblich überqualifiziert und sollte daher noch eine „niedere" Ausbildung machen. (Wobei ich nicht glaube, dass Lehrer für irgendetwas überqualifiziert sind. Ich denke, die meisten Lehrer sind völlig unterqualifiziert in dem, was sie tun.)

Ein Mensch in meinem Umfeld trinkt aktuell zu viel Alkohol und ich erkannte, dass das aktuell das Beste ist, was dieser Mensch tun kann, weil das seine Möglichkeit ist, um aktuell irgendwie zu überleben. Auf Dauer wird es diesen Menschen umbringen, doch aktuell rettet es ihm das Leben.

Ich hatte nie ein sicheres Zuhause und gleichzeitig war es immer da.

Manchmal liebst du einen Menschen und du musst ihn verlassen, damit ihr weiter wachsen könnt, du verlässt ihn aus Liebe, aus Liebe brichst du ihm das Herz.

Ein kleiner Junge in meinem Umfeld hatte einen schlimmen Unfall und dieser schreckliche Unfall ist gerade das Beste, was der Familie auf dem Weg ihrer Heilung passieren konnte.

Mein Lieblingsmensch möchte gerne mit mir sein und damit er das irgendwann kann, braucht er gerade ganz viel Raum für sich allein.

Es gibt wohl keinen Menschen, der dich mehr liebt als deine Eltern und trotzdem sind es deine Eltern, die dir die meisten Verletzungen zufügen.

Ich habe schon lange in mir begriffen, dass wir gar nichts müssen. Wir müssen nicht einmal sterben, das habe ich in dieser Sekunde begriffen, wir können gar nicht sterben, wir wechseln nur die Form. Und gleichzeitig *musste* ich ein paar Dinge tun, um ganz frei zu werden, auch wenn ich eigentlich die ganze Zeit völlig frei war. Ich durfte sie auch tun, war frei, sie zu tun. Energetisch ist dieses Dürfen jedoch auch ein ganz deutliches und heiliges: „Ich muss das jetzt tun", obwohl ich gleichzeitig ganz deutlich spüre, dass ich gar nichts muss. In meiner alltäglichen Sprache habe ich das Wort „müssen" weitestgehend gestrichen. Während des Schreibens fiel mir auf, dass ich es beim Schreiben doch noch recht häufig verwende, überlegte, jedes „muss" durch ein „darf" zu ersetzen. Ich habe mich nun dagegen entschieden, denn ich habe in mir verstanden, dass ich gar nichts muss, egal, ob es dort steht oder nicht und bin sehr dankbar gleichzeitig diesem heiligen „MUSS" in mir immer wieder gefolgt zu sein. Es ist herrlich paradox!

Ich schrieb meinem Lieblingsmenschen, dass ich ihn ganz losgelassen habe und gleichzeitig hundert Jahre auf ihn warten würde, nur um einen Tag die Frau an seiner Seite sein zu dürfen. Ich schrieb, dass das Universum keine Fehler mache, ich nenne es „Universum", er nennt es „Gott". Viele Menschen benutzen das Wort Gott als eine Phrase, doch sie fühlen es nicht. Ich habe häufiger Menschen sagen gehört, dass „Gott groß sei", dass „Gott alles sehe", dass „Gott mächtig sei", doch sie fühlten es nicht wahrhaft, glaube ich, sie nutzen es als Phrase, die Phrase eines wütendes Kindes, dem jemand sein Spielzeug weggenommen hatte. Im Alltag schmückt sich dieses Szenario in die unterschiedlichsten Gewänder. Und mit dieser leeren Phrase geben diese Menschen ihre komplette Verantwortung ab und warten darauf, dass Gott sie befreit. Doch Gott kann dich nicht befreien. Du kannst nur selbst sehr sehr sorgfältig vor deiner eigenen Türe kehren und all den Müll durchforsten, den du in dir und dadurch in deinem Umfeld angehäuft hast. Gott ist dabei immer bei dir, in dir, du selbst wirst zu dieser universellen göttlichen Kraft, wenn du bereit bist, die volle Verantwortung für deinen inneren und dadurch auch äußeren Zustand zu übernehmen. Gott wird dich tragen, wenn du bereit bist, dich selbst zu tragen. So paradox und so wundervoll!

Für das Göttliche in uns
Im Oktober 2024

Geschichten aus dem Café

Die Arbeit im Café ist unglaublich lustig und lehrreich. Sie zeigt mir jeden Tag, wo ich gerade stehe, ob mich jemand mit irgendeinem banalen Unsinn noch triggern kann.

Menschen, die in ein Café kommen, sind sehr unterschiedlich:

Es gibt Menschen, denen fällt es unglaublich schwer, sich bedienen zu lassen, sie greifen ständig ein und können es nicht ertragen, nichts tun zu müssen. Das sind meistens Frauen, in der Regel ältere Frauen. Es kommen frisch Verliebte ins Café, es ist süß, sie zu beobachten, sie sind so voller Vorfreude, Aufregung und voller Unsicherheit. Es gibt Menschen, die kommen scheinbar nur ins Café, um zu meckern. Sie finden immer einen Grund zum Meckern, du kannst tun was du willst, sie meckern. Es gibt keine Waffe dagegen, außer eine: Flute sie mit ehrlicher Liebe, Freundlichkeit und Klarheit. Gelingt dir dies, wandelt sich ihr Energiefeld immer in ein freundlicheres.

Tische haben es schwer in einem Café: sie sind zu groß, zu klein, zu sehr am Rand, zu sehr in der Mitte, zu sehr im Schatten, zu sehr in der Sonne, zu abseits, zu viel im Trubel. Ich wusste früher nicht, dass Tische so viel falsch machen können.

Manchmal sind Menschen unglaublich geduldig. Selten vergesse ich jemanden im Trubel, aber wenn es geschieht sind manche bereit, eine halbe Ewigkeit zu warten. Manche rasten dagegen innerlich schon fast aus, wenn ich nicht sofort, nachdem sie fertig mit dem Aussuchen sind, die Bestellung aufnehme.

Auf den Tischen im Café liegt oft nur eine Speisekarte. Das Ego mancher Menschen wird dadurch total getriggert, sie halten es nicht aus, einen Moment zu warten und keifen mich schon an, wenn ich das erste Mal an den Tisch komme. Es ist unglaublich lustig, wie oft Menschen glauben, eine Bedienung anfratzen zu müssen, obwohl die Bedienung ja gar nichts für die innere Unzufriedenheit des Gastes kann. Früher hat mich das total geärgert, heute, bleibe ich in der Regel entspannt und einfach in der Liebe, lasse ihnen ihren Raum und grenze meinen ab.

Manche bekommen grundsätzlich den Hals nicht voll. Sie kommen rein, schauen in die komplett volle Theke und fragen, ob das alles sei? Anderen Menschen dagegen fällt es schwer, sich einfach mal etwas zu gönnen. Sie stehen vor der Theke und überlegen, ob sie das *oder* das wollen? Ich sage dann manchmal: „Warum *oder*? Nehmen sie einfach beides." Ich mache das nicht aus verkaufstechnischen Gründen, ich sage das aus vollem Herzen. Für die meisten ist dieses „und" jedoch ein Ding der Unmöglichkeit. Wenige Menschen können es. Sie nehmen von sich aus das *und* das. Oft werden sie dafür unbewusst von den anderen Menschen an ihrem Tisch beneidet, die ihnen dann direkt irgendeinen Kommentar zupfeifen.

Die meisten Menschen sind einfach unglaublich dankbar, wenn sie auf eine schnelle, freundliche Bedienung mit einem ehrlichen Lächeln im Gesicht treffen. Ich beobachte, dass sie manchmal regelrecht verwirrt davon sind. Sie gucken mich dann an und vergessen ihre Bestellung.

Bei manchen Menschen dagegen frage ich mich, wie sie ihr tägliches Leben schaffen zu organisieren, denn sie sind bereits mit dem Bestellen eines Frühstücks und eines Heißgetränkes völlig überfordert. Manche Menschen lieben es, wenn es kompliziert ist, sie halten an ihrem

Problem fest. Ich biete in der Regel keinen Raum dafür, wiederhole geduldig in Dauerschleife meine Antwort, die sich auch nicht ändert, wenn sie die gleiche Frage fünfmal hintereinander wiederholen. Irgendwann merken sie dann, dass hier einfach kein Raum für ihr so geliebtes Drama ist. Manchmal fragen sie dann aber auch wenig später einfach eine Kollegin von mir, irgendwo muss doch verdammt nochmal Platz für das geliebte Drama sein.

Wenn die Terrasse ganz offensichtlich geschlossen ist – das erkennt man daran, dass die Schirme zu, die Stühle gestapelt und die Tische hochgeklappt sind – gibt es dennoch immer wieder Menschen, die fragen, ob die Terrasse nicht offen sei? Ich spüre dabei genau, dass es oft eigentlich nicht um die Terrasse geht, es geht meist um ihr unbewusstes Ego und das möchte jetzt auf der Terrasse sitzen!

Manchmal passiert es, dass Menschen mich fragen, ob sie mir beim Abräumen helfen sollen, das ist sehr selten, aber unglaublich spannend. Sie wollen wirklich Sachen vom Tisch nehmen und in die Küche oder zur Theke tragen. Ich sage dann, dass das sehr nett sei, ich aber genau für diese Arbeit bezahlt werde. Manche machen es dann trotzdem und ich sage dann scherzhaft: „Muss ich jetzt auch mein Trinkgeld mit Ihnen teilen." Manche nehmen auch die leere Tasse wortlos mit zur Theke und stellen sie ab, das ist sehr nett, sehr aufmerksam und völlig in Ordnung, diese Menschen sind aber anders als die, die ich frage, ob ich nun auch das Trinkgeld teilen müsse.

Manche Menschen bestellen etwas und behaupten wenige Momente später, sie hätten es nicht bestellt. Vor kurzem behaupteten beide am Tisch, es sei nicht so bestellt worden, obwohl ich mir ganz sicher darüber war. Als ich gerade doch in meiner Reflektion einen Hauch von

Selbstzweifel spürte, fing mich die Dame am Nachbartisch ab und sagte, dass die beiden Damen das sehr wohl genau so bestellt hätten, sie habe es genau gehört. Wir mussten so sehr lachen. Und ich fragte mich, was im Kopf solcher Menschen passiert? Warum auch immer sie diese Flasche Wasser nun doch nicht wollten, es ging lediglich um eine Flasche Wasser(!), sie saßen nun da und logen wie zwei kleine Kinder, dass sie diese Flasche nicht bestellt hätten. Ich frage mich dann, ob sie wirklich davon überzeugt sind oder, ob sie aus welchem Grund auch immer, einfach lügen ohne rot zu werden. Es ist so köstlich!

Manche Menschen sind überaus erbost, wenn sie in einem total vollen Café eine Weile auf ihre Bestellung warten müssen, ihr Ego knallt ihnen völlig durch. Einmal ging im Café im laufenden Betrieb die teure Siebträgermaschine kaputt, der gesamte Thekenbereich wurde geflutet, alle Heißgetränke, außer Sarahs köstlicher Filterkaffee, fielen aus. Allein über diesen Tag könnte man eine psychologische Studie schreiben. Ein Mann fragte in den völlig gefluteten Thekenbereich hinein, ob wir wüssten, wann die Maschine wieder funktionieren würde? Sein Ego wollte jetzt ein anderes Heißgetränk als Filterkaffee, glaube ich. Dieser Tag war der erste Tag in meinen gesamten Kellnertagen, an dem ich eine halbe Stunde vor Schluss zu meiner Kollegin sagte: „Ich sage das nie, aber heute, heute habe ich echt keinen Bock mehr!" Das fand meine Kollegin wiederrum sehr spannend. Mich hatte so sehr getriggert, den ganzen Tag die Gesichter sehr vieler Menschen zu sehen, die ins Drama gingen, weil sie nur noch die Auswahl zwischen etwa zwanzig köstlichen Speisen hatten, zehn Kaltgetränken und Filterkaffee! Ja, das ist wirklich ein unglaubliches Drama, da muss man schon nachfragen, diskutieren und ggf. empört das Café verlassen. Frag mal z.B. die Menschen in Indien! Vielen Menschen reichte aber auch das verbleibende „bescheidene" Angebot im Café und sie genossen ihren Kuchen bei einem köstlichen Filterkaffee. Dieser Tag brachte uns sogar eine Bewertung im Internet ein. Empört schrieb jemand, dass „die Kaffeemaschine kaputt gewesen sei und man nur eine braune Brühe zu trinken bekam". „Ja", dachte ich, „es gab ‚nur Filterkaffee' an diesem Tag, in diesem reichen Deutschland, in einem kleinen wunderschönen Café in Trier" und musste sehr schmunzeln.

Gestern war ein sehr interessanter Tag für mich im Café. Ich hatte eigentlich Urlaub und sprang kurzfristig ein. Ich habe das Gefühl, dass ich mich aktuell in einer völligen Transformation befinde, sagte vor ein paar Tagen zu meiner Freundin, ich hätte den Urlaub meines Lebens, weil ich mir so nah sei wie noch nie in meinem Leben. In diesem Zustand kam ich also für ein paar Stündchen ins Café und ich sah es an den Reaktionen der Menschen. Sie waren einfach verzaubert, genossen es, von mir bedient zu werden, gaben sehr viel Trinkgeld, bedankten sich für den ungewöhnlich netten und schnellen Service, wussten gar nicht so recht, wie ihnen geschah. Es war wirklich magisch zu beobachten. Lediglich an einem Tisch saß ein aufgeblasener Schmerzkörper, doch puff, er fiel irgendwo zwischen der ersten Bestellung und dem Bezahlen völlig in sich zusammen. Ich liebe das! Ja, Menschen, die in ein Café kommen freuen sich in der Regel einfach darüber, wenn sie das Glück haben, von einem netten, fähigen Service bedient zu werden.

Ich liebe diese Arbeit im Café. Es ist eine ganz zauberhafte Arbeit. Ich begegne vielen Menschen, manche kommen regelmäßig und es entsteht eine sehr schöne Caféverbindung. Sie beobachten mich interessiert, staunen und fragen manchmal, wie ich das so mache, woher ich diese Freude nehme? Diese Arbeit spiegelt mir sehr deutlich, wo ich gerade selbst stehe, auch mein Ego knallt manchmal noch etwas durch, manchmal klopft es auch nur an. Dann atme ich und es merkt, dass kein Raum für es da ist und verschwindet wieder.

Für alle Menschen, die gerne in ein Café gehen
oder als Service in einem solchen rumflitzen
Im Oktober 2024

Mein Papa

Der Text über meine Mama ist wohl einer der intensivsten in diesem Buch. Und eben ploppte in mir auf. „Was ist eigentlich mit deinem Papa?"

Irgendwie nichts. Es ist erstaunlich. Ich glaube, da ist irgendwie nichts. Ich kann mich an keine Zeit mit ihm erinnern. Er holte uns manchmal ab, daran erinnere ich mich, er war zu streng, wir zogen unsere Köpfe ein, wenn er uns böse anschaute. Das alles waren aber völlig oberflächliche Begegnungen, es gab wenig Raum, mich zu verletzten, glaube ich. Als ich älter war, zog er mich mal in seinem Wahn vor Gericht. Ich machte meine Aussage, verstand nicht, warum mir mal wieder diese undankbare Rolle zukam, als einzige von uns Kindern da in der Mitte des Raumes sitzen zu müssen und meine Aussage machen zu müssen. Gerade frage ich mich, ob es wirklich stattfand, oder ob ich es nur geträumt habe, so unwirklich ist es inzwischen.

Ich glaube, wenn ich an meinen Papa denke, dann ist da einfach nichts. Das einzig Traurige ist, dass es nie eine wirkliche Verbindung gab, dieser Gedanke kam mir auch hoch, als meine Oma, seine Mutter, vor kurzem starb. Ich glaube, ich hatte sie 20 Jahre nicht gesehen, ging auch nicht zur Beerdigung, denn es gab auf menschlicher Ebene keine Verbindung. Auf Seelenebene umso mehr, glaube ich heute. Ich erbe jetzt einen gewissen Betrag von ihr. Ich hatte zuerst ein Problem damit, ihn anzunehmen, weil ich „nichts dafür geleistet" habe. Ja, diesen Wahnsinnsglaubenssatz durfte ich in mir entdecken und heilen, einen Glaubenssatz, der in einer Familie genährt wurde, in der eigentlich nur zählt, was du „geleistet" hast. Gleichzeitig glaube ich unabhängig davon, dieses Erbe reinigt energetisch die „Unterhaltsschulden" meines

Vaters mir gegenüber. Ich habe diese vor Jahren mal zusammengerechnet, es waren etwa 11 000 Euro, die mir „zugestanden" hätten. Es war mir damals egal, ich wollte bloß meine Ruhe, habe es gehasst, dass ich mich damals von den anderen in dieses Drama mitreinziehen ließ. Am Ende behielt meine innere Stimme recht, wir haben einen etwaigen Titel ihm gegenüber nie gebraucht, ich spürte es damals schon. Und all meine Erfahrungen hatten mich sehr selbstständig werden lassen, manchmal zu selbstständig, aber auch darin lag das Geschenk, mich finanziell immer wunderbar selbst versorgen zu können. Ja, es war völlig unbewusst von mir, vier Tage zu studieren und drei Tage zu arbeiten, über Monate, über Jahre, einfach keine Pausen zu machen, aber, ich war dazu im Stande und stand immer auf eigenen Beinen und ich glaube, dieses Erbe bereinigt noch die letzten „Schulden" meines Vaters. Mögen er und seine Eltern im Frieden ruhen. Ich liebe euch und weiß, dass wir auf Seelenebene immer verbunden waren und es immer sein werden.

Für meinen Papa
Im Oktober 2024

Und dann

Während ich all diese Zeilen tippte, wurde mir eine weitere Unsinnigkeit meiner Lehrtätigkeit im Schuldienst bewusst. Wie oft habe ich zu Schülern gesagt, sie sollen nicht „und dann" schreiben oder Sätze mit „und" beginnen. Völlig davon überzeugt trichterte ich den Kindern andere Satzanfänge ein und sie versuchten es, so gut wie möglich, umzusetzen und wenn nicht, gab es Punktabzug. **Und dann** flossen viele Jahre später die Zeilen dieses Buches durch mich durch und ich merkte, wie oft da einfach ein „Und" oder ein „Und dann" im Leben ist. Wir gewöhnen es unseren Kindern systematisch ab „und" zu sagen! Im Café wunderte ich mich so oft, warum viele Menschen kein „und" zwischen zwei Kuchenstücke setzen, sondern immer ein „oder". Sie essen auch nicht ein Stück Kuchen und dann noch ein Eis und dann noch ein Petit Four. Sie essen ein Stück Kuchen, Punkt. Schade, denn im Leben steckt so viel Schönheit, so viele „unds". Schon in der Schule wurde es uns abtrainiert. Ich habe es völlig unbewusst auch versucht Kindern abzutrainieren, dabei merke ich beim Schreiben, wie natürlich dieses „und" und dieses „und dann" sind. Ich werde es nie wieder zu jemandem sagen, es höchstens als literarisches Mittel erklären, das in unserer Gesellschaft so gewünscht ist, aber aufs Leben bezogen völliger Blödsinn ist!

Für alle Schüler, die ich begleiten durfte
und die geduldig einen Haufen Quatsch
über sich ergehen ließen.
Ihr wart meine größten Lehrer!
Im Oktober 2024

Vergebung

Ich hatte irgendwann auf meiner Yogamatte den Impuls der Vergebung. Heute wurde mir klar, dass ich fast vergessen hätte, dem wichtigsten Menschen in meinem Leben zu vergeben:

Ich habe mir heute auf weltlicher Ebene selbst vergeben, auch wenn ich weiß, dass es auf universeller Ebene nichts zu vergeben gibt.

Für mich
Im Oktober 2024

Jeanette in the garden of the sad guru

Bevor ich in diesem Jahr nach Indien flog und mich fragte, wo ich sein wolle, kam immer das Bild eines Gartens in mir auf und vor allem das Gefühl, in diesem Garten einfach zu sein, völlig entspannt und im Frieden. Mich begleitete auch schon viele Jahre das innere Bild eines fröhlichen Mönchs. Als ich nach Indien flog, war etwas in mir davon überzeugt, dass ich mir meine Haare abrasieren werde und ein Mönch in diesem Garten sein werden würde.

Als ich Ende Januar abflog, wusste ich, dass ich im Februar in Rishikesh in der Yogaschule sein würde. Auch war klar, dass ich im März im Sprachinstitut meines indischen Engels Jitendra arbeiten würde und ich im „Ausgleich" für diese „Arbeit" komplett bei ihm wohnen würde, von ihm und seiner Familie getragen und versorgt. Und mir war klar, dass ich für April nichts geplant hatte und das Leben mich im April genau an den für mich vorgesehenen Ort führen würde. Ein Anteil in mir war davon überzeugt, dass dies sicher ein Ort sein würde, an dem ich als Mönch erkannt werde, mir die Haare abrasiere und einfach dort bleibe.

Eine ganz große Sehnsucht nach Ruhe, nach in Ruhe gelassen werden, nach nichts müssen, nach einfach sein, nach weg von allem und jedem, hatte mich nach Indien geführt. In der Yogaschule hatten wir einen zauberhaften, sehr fröhlichen Mönch in Yogaphilosophie. Für mich ist er die vermenschlichte Form der Freude. Wenn er lacht, erhellt dieses Lachen den ganzen Raum, seine tiefe Freude nimmt den ganzen Raum ein und dabei ist dieser göttliche Mönch völlig weltlich. Ich fragte diesen Mönch, ob er mir einen Ort nennen könne, an dem ich einfach ganz in Ruhe sein könne, es gebe eine so tiefe

Traurigkeit in mir, daher müsse ich ganz dringend an einen unglaublich ruhigen Ort, weit weg von allem.

Er empfahl mir das Maatre Yoga Retreat in Marchula. Ich ging mit dieser Empfehlung nicht in Resonanz, ich hatte das Gefühl, es sei viel zu kommerziell und außerdem wollte ich doch Mönch werden, ein Mönch sein unter Mönchen. Ich fragte also unseren wunderbaren Philosophiemönch nochmals, doch er bleib bei seinem Wegweiser ins Maatre Yoga Retreat. Ein Teil in mir dachte, alles klar, kein Problem, ich suche mir einfach selbst meinen Ort unter Mönchen, in dem ich Mönch sein kann. Überhaupt, ein Yoga Retreat, ich hatte doch gerade an der Yogaschule genug Yogakurse gemacht, jetzt wollte ich endlich ein Mönch unter Mönchen sein. Irgendwo zwischen dieser Zeit und heute habe ich noch tiefer verstanden, was Yoga ist. Ich hatte es schon vor längerer Zeit begriffen, doch ein Anteil hatte es noch nicht begriffen und dieser durfte es nun lernen. Ich erzählte meinem Freund Jitendra also von meiner Sicht auf die Dinge und er schaute nach Monastries (Klöstern) in Nepal. Für mein Visum hätte ich eh nach 90 Tagen ausreisen und, ich glaube, mindestens drei Tage außer Landes bleiben müssen, um dann erneut 90 Tage in Indien bleiben zu können. Und so war ja mein „Plan", ich würde ja „in Indien bleiben".

Vor meiner Abreise nach Indien hatte ich auch oft zu einer Freundin gesagt, ich wolle in ein Ashram, hätte die Nase echt voll von allem, ich wolle einfach in ein Ashram. Eines Tages fragte meine Freundin dann, was eigentlich überhaupt ein Ashram sei? Da merkte ich, dass ich gar keine Ahnung hatte. Ich hatte schon oft gehört, dass Menschen in ein Ashram in Indien gehen, ich spürte, dass ich in ein Ashram müsse, daher vertrat ich das voller Überzeugung, ohne überhaupt erklären zu können, was ein Ashram ist. Ich habe es dann im Internet nachgelesen und konnte auf weltlicher Ebene erklären, was ein Ashram ist.

Inzwischen war ich also in Indien, mit einer Empfehlung, die mir nicht passte, und Jitendra und ich schauten uns nach Alternativen um. Ich kann weltlich gar nicht mehr genau erklären, wie es nun doch dazu kam, dass ich im Maatre Yoga Retreat mitten im indischen Dschungel landete. Ich hatte aber zu Jitendra gesagt, ich könne ja mal eine Woche hin, und wenn es nicht meins sei, könne ich ja wieder abreisen.

Wir hatten uns auch nach Vipassana-Yoga für mich umgesehen. In Rishikesh hatte mir ein sehr lieber Mensch davon erzählt, ich hätte es in Jaipur buchen können. Du gibst all deine persönlichen Dinge ab, bekommst ein einfaches Gewand, keine Bücher, auch kein Tagebuch, kein Kontakt zu den anderen, nur speziell vorgesehene Gespräche mit den Vipassana-Begleitern, essen in Stille, wenn du möchtest, kannst du auf dem Hof schweigend spazieren. Ja, du bist ganz allein mit dir selbst. Mir wurde gesagt, dass dies so manche schon fast in den Wahnsinn getrieben habe, sie schrien und aus dem Zimmer wollten usw. Mein Weg führte mich nicht dorthin, ich dachte aber vor ein paar Tagen, dass ich mir in meinem Leben sehr oft Vipassana-Einheiten gönne, ich erlaube es mir einfach, ganz mit mir allein zu sein, still dazusitzen und zu beobachten, was in mir vor sich geht. Ganz weit weg von all dem gesellschaftlichen Trubel und der Unbewusstheit unserer Sinne.

In Indien kam ich also eines Tages im Maatre Yoga Retreat an. Ich war mitten im indischen Dschungel in einem Tigergebiet. Ich war ganz gespannt, wann ich wohl einen freilaufenden Tiger sehen würde. Wenn ich spazieren ging, sah ich auf meinem Weg die zauberhaften

Tatzenabdrücke dieser göttlichen Geschöpfe. Das Anwesen gehörte Navendu. Er wohnt dort mit seinen Eltern. Es gibt ein paar Zimmer. Es werden Kurse angeboten.

Nach meiner Ankunft gingen wir, ich glaube am ersten Tag, zusammen spazieren. Ich fand die ganze Sache mit den Tigern sehr spannend. Ich interviewte Navendu, wo ich am besten hingehen könne, um einen Tiger zu sehen. Er sagte: „Jeanette, du brauchst nirgendwo hingehen, die Tiger sind hier überall und sie wissen bereits, dass du da bist, und wenn sie dir begegnen wollen, dann werden sie dir begegnen." Ich fragte weiter, was man denn am besten tue, wenn ein Tiger um die Ecke käme? Navendu antwortete: „Jeanette, du kannst gar nichts tun. Der Tiger entscheidet, was er tut. Es ist alles Karma. Wenn für dich vorgesehen ist, dass du vom Tiger gefressen wirst, dann wirst du hier vom Tiger gefressen, wenn nicht, dann nicht." Das beruhigte mich sehr, denn ich spürte tief in mir, dass es für mich nicht vorgesehen war, vom Tiger gefressen zu werden. Also ging ich insgesamt sehr locker mit der Sache um. Auch hatte Navendu das alles in einer solchen Leichtigkeit gesagt, sodass es mir eine noch tiefere Tiefenentspannung bezogen auf das ganze Leben verschaffte.

Wenn ich etwas spät von meinem Spaziergang zurückkam, war Navendus Mama immer eher besorgt, wegen der Tiger. Ich sagte ihr, was Navendu mir gesagt hatte. Sie lachte und meinte, ich müsse mein Karma aber auch nicht unnötig herausfordern. Beim ersten Mal in der Dämmerung überkam mich aber schon Angst, meine Zellen hatten sich etwas hineingesteigert, nachdem mein Hochmut mich etwas ergriffen hatte. Danach war ich wieder ein Stückchen demütiger.

Navendu hat ein paar Mitarbeiter. Es gibt den Gärtner, ein großer Yogi, denn er kehrt täglich alle Blätter von der

Wiese. Manchmal kommt eine Windböe und pustet auf die frischgefegte Wiese wieder ganz viele Blätter. Dann fängt er einfach von vorne mit dem Kehren an. Und dort arbeitet ein wunderbarer Mann, Vinod, das „Mädchen für alles". Wann immer ich etwas brauchte, sollte ich einfach nach ihm rufen, er würde im Rahmen der Möglichkeiten mitten im indischen Dschungel alles für mich bereitstellen. Ebenfalls ein großer Yogi. Er ist das menschgewordene Dienen. Er ist immer freundlich, immer flink, es war die erste Begegnung mit einem Service, der so flink rennt wie ich. Er ist bescheiden, stört nie deinen Raum, ist immer auf dein Wohl bedacht, immer bereit in dieser Demut und immer vergnügt zu dienen.

Einmal kam eine mit sich sehr hadernde Frau als Gast. Plötzlich fragte sie mich, wo denn „der Zwerg" sei? Ich wusste im ersten Moment nicht, wen sie meinte, dann fiel mir auf, dass Vinod recht klein in seinen Körpermaßen ist, sie musste ihn meinen. Es war sehr spannend, denn bis zu diesem Augenblick war mir nicht bewusst gewesen, dass er etwa einen Kopf kleiner ist als ich. Er trägt in sich so viel Größe, dass ich nie auf die Idee gekommen wäre, einen Zwerg in ihm zu sehen. Generell triggert es mich nicht, wenn jemand „klein", „groß", „dick", „dünn" oder was auch immer ist. Ich beobachte oft, wie Menschen dadurch getriggert werden, aus ihrer eigenen inneren Unzufriedenheit heraus. Ich nehme die Welt unabhängig dieser Thematik sowieso anders wahr, ich nehme sie in „Energiefeldern" wahr. Auch das wird mir gerade, während ich diese Zeilen schreibe, zum ersten Mal so ganz tief bewusst.

Dann gab es noch die Köche, die einen Haufen Spaß hatten, wenn ich in die Küche kam, mit meinen fünf Brocken Sprachkenntnissen in Hindi, und ihnen erklärte, was ich heute essen wolle. Und jeden Tag durfte ich so köstliche Speisen genießen. Ich war drei Wochen dort. Eine Woche lang waren keine anderen Gäste da, ich war völlig in der Ruhe, mitten im Dschungel und wenn jemand etwas von mir wollte, war es Vinod, der mich fragte, ob, wann und was ich essen wolle. Es war ein Stück des Paradieses auf Erden.

Eines Tages sagte Navendu zu mir, dass „seit dieser Ort ein Ashram sei..." und ich staunte, ach verrückt, ich bin in einem Ashram! Ich hatte es gar nicht kapiert und nun wurde es mir bewusst. Und eines Tages saß ich auf der grünbewachsenen Terrasse vor dem Zimmer, in dem ich wohnte, und spürte plötzlich diesen tiefen Frieden in mir, den ich immer gespürt hatte, wenn ich in meinem Inneren diesen Garten sah. Ich kann nicht sagen, dass ich in Bildern genau diesen Garten, in dem ich gerade saß, gesehen hatte, ich spürte aber ganz genau, dass ich angekommen war und nicht ich war dieser fröhliche Mönch, den ich so oft in mir wahrgenommen hatte, sondern der fröhliche Mönch, der mich an diesen Ort geschickt hatte, war dieser Mönch. In diesen Tagen verstand ich, dass alles schon ganz lange in mir war, dass ich alles schon vorher wusste, das Leben dir alles zeigt, dir den Weg weist, wenn du offen dafür bist und aufhörst, unsinnige Pläne zu machen. Ohne zu wissen, was es ist, war ich in einem Ashram gelandet, in diesem friedlichen Garten und hatte auch die Rolle des Mönchs in mir begriffen. In dieser Zeit begriff ich auch, dass ich kein Mönch mit abrasierten Haaren werden würde.

Lustigerweise hatte sich mein Lieblingsmensch seine Haare komplett abrasiert, als ich aus Indien zurückgekommen war und wir uns das erste Mal sahen. Auch er hatte eine große Transformation durchgemacht.

Navendu wollte gerne mein Guru sein. Ich ging damit jedoch nicht in Resonanz. Er lief ständig mit seinem

Smartphone rum, brachte es auch mit in den „Tempel", ließ sich häufiger filmen, ließ auch Menschen filmen, denen das total unangenehm war, war irgendwie völlig depressiv und mit seinen Ritualen und dem Ashrambusiness so beschäftigt, dass er in meinen Augen die Freude des Lebens verpasste. Er lud mich öfter ein, dabei zu sein, zu Beginn ging ich manchmal hin, verließ die Situation aber teilweise auch mitten drin, weil die Energien so bekloppt waren, so aufgesetzt und so fern von Liebe, dass ich es nicht ertragen konnte. Das kratzte an Navendus Ego. Er sagte es irgendwann ganz ehrlich zu mir: „Jeanette, es ist mein Ego, das möchte, dass ich dein Lehrer bin." Und ich spürte nur: „Nene, lass mal."

In der zweiten Woche im Ashram dachte meine Kopf, dass ich nun genug ausgeruht hätte, genug verstanden hätte, ich bald eigentlich schon abreisen könnte. Zum Glück blieb ich, denn in der dritten Woche kamen so tiefe Dinge in mir hoch. Es braucht verdammt viel Ruhe und Raum, damit all diese Dinge in uns hochkommen können. Wir Menschen schenken uns in der Regel diesen Raum nicht, ballern unsere Sinne zu mit all den krankmachenden Möglichkeiten unserer Zeit. Wir haben jederzeit die Möglichkeit, uns selbst zu erkennen, es ist total leicht, gleichzeitig scheint es bei aller Ablenkung fast unmöglich, die Ablenkung versperrt uns die Sicht auf diese Einfachheit, wir selbst versperren uns die Sicht darauf.

An einem Tag im Ashram erkannte ich, wie lebensmüde ich war: Ich war gerade unten am Fluss und stellte mir vor, wie es wohl sein würde, wenn nun endlich ein Tiger um die Ecke käme. Es wäre unglaublich spannend und plötzlich sagte eine Stimme in mir: „Und wenn er dich fressen würde, dann wäre es wenigstens endlich vorbei!" Was? Was hat mein Kopf da eben gedacht? Ich kannte diesen Satz. Er stammt aus meiner Kindheit. Ich hatte sehr viele Ängste, Angst im Dunkeln, Angst durch den Flur mit der großen Treppe zu gehen, Angst vor der Kellertür usw. Obwohl mein Verstand wusste, dass da keiner ist und keiner nach mir greifen könne, hatte ich ständig das Gefühl, dass jemand nach mir greifen wolle, mich packen könne und ich legte mir in meiner kindlichen Angst diesen Satz bereit: „Ich gehe jetzt hier an der Treppe vorbei und falls doch jemand nach mir greifen sollte, dann wäre diese ganze Hölle hier wenigstens endlich vorbei!" Und nun, mitten im indischen Dschungel ploppte über 25 Jahre später dieser Satz wieder auf, der mir zeigte, dass ein Teil in mir schon seit meiner Kindheit lebensmüde war und sterben wollte. Es war wirklich „schwer" das auszugraben, es hochfließen zu lassen, denn ich bin von Natur aus so voller Energie, Liebe und Freude, es ist mein wahres Wesen, welches, was diesen Anteil angeht, jedoch völlig vernebelt war. Es gab einen unglaublich schwarzen Anteil in mir und ich denke bis heute, dass diese eine, in meinen Augen, echt unzufriedene, dunkle Kollegin aus meinen letzten Tagen im staatlichen Schuldienst genau die Aufgabe hatte, dieses Dunkle in mir zu spiegeln. Ich hatte es immer so empfunden, dass nur ein so dunkler, verlogener Mensch wie sie meinem alles überstrahlenden Licht zeigen konnte, dass mein Licht im staatlichen Schulwesen nicht gewünscht ist, denn was dort passiert, ist wahrhaft der größte Sumpf an Unbewusstheit, der mir je begegnet ist und heute kann ich dies mit großer Liebe schreiben. Ich versuchte jahrelang, diesen Sumpf trocken zu legen, und erkannte nicht, dass für jeden Eimer, den ich rausholte, zwei nachgeschüttet wurden. Einen winzigen Hauch an Groll spüre ich noch in meinem Ego, nehme diesen in diesem Moment ganz bewusst wahr, atme und spüre, wie er sich auflöst. Wieder ist etwas in mir ein Stück leichter geworden.

Irgendwann schaute ich im Ashram auch die Bedeutung des Krafttieres „Tiger" nach. Ich las auf irgendeiner der vielen möglichen Seiten, dass er dich auffordert, mutiger zu sein. Da wurde mir bewusst, dass ich keinen Tiger in freier Wildbahn sehen würde. Ich hatte aber viele wilde Pfauen gesehen und las auch dieses Krafttier nach. Der Pfau ermutigt dich demnach, dass du die Schönheit in dir selbst erkennen sollst. Ja, da wusste ich, warum ich so viele Pfauen gesehen hatte und während ich diese Zeilen tippe begreife ich, warum ich nach Indien fliegen musste, diesem Land, dessen Nationaltier der Pfau ist.

In den vergangenen Monaten habe ich immer mehr begriffen, dass es höchste Zeit ist zu lernen, ganz zu mir selbst zu stehen, mit allen Besonderheiten, die für ganz viele Menschen nicht greifbar sind und, dass es völlig in Ordnung ist, dass sie ggf. glauben, dass ich einen an der Waffel habe. Ich sage aus vollem Herzen: Ich liebe Waffeln! Um aber ganz zu dir selbst stehen zu können, musst du dich selbst erst mal trauen, dich selbst zu erkennen, das ist Yoga und plötzlich wird alles ganz leicht. Dann bist du bereit, dich dem Fluss des Lebens ganz hinzugeben. Und gleichzeitig habe ich ein tiefes Verständnis für die, die glauben, dass ich einen an der Waffel habe, denn je mehr ich nicht in Ordnung bin, desto mehr können sie in ihrer Illusion über sich selbst bleiben und sich bestätigen, dass sie völlig in Ordnung sind, denn ich bin wirklich sehr anders als sie. Und gleichzeitig spreche ich keinem ab, völlig in Ordnung zu sein, Kosmos heißt Ordnung, es ist immer alles in Ordnung.

Rückblickend weiß ich, dass ich in dem Moment, als ich mein Yogadiplom bekam, neu geboren wurde. Als ich nach Indien reiste, legte ich keinen gesteigerten Wert auf dieses Diplom. Als Beamte hatte ich so viele schwachsinnige Urkunden erhalten. Du bekommst sogar eine

Rückernennungsurkunde, wenn du deine Aufgabe als Schulleiterin kündigst, dann wirst du wieder zum „Lehrer" ernannt. Das war wirklich die schwachsinnigste aller Urkunden, die ich je erhielt.

Ich wollte einfach einen Raum zum Yogamachen, das Diplom war für mich die ganze Zeit eine unnötige Beigabe. Ich sagte auch, ich plane nicht, ein Yogalehrer in Deutschland zu werden, ich wollte ja gar nicht nach Deutschland zurück. Und ganz sicher würde ich keine Yogastunden in Gruppen anbieten, mit diesen „Mamis", die bisschen Yoga machen wollen und dann wieder in ihr Smartphone gucken und ihr Sektchen trinken. Nichts gegen irgendwelche „Mamis", aber es ist einfach nicht in meinem Schwingungsfeld. Nein, das lag mir völlig fern und es liegt mir auch heute völlig fern. Jetzt zurück in Deutschland steht auf meiner Visitenkarte „Private Yogabegleiterin" und „Entdecke in dir die Freude am Sein". Wer mit dem, was ich in all diesen Zeilen geschrieben habe, in Resonanz geht, ist herzlich eingeladen mich zu besuchen, wer wirklich bereit ist, sich selbst zu erkennen und sich jemanden wünscht, der ihn ein Stück begleitet, dafür habe ich einen Raum geschaffen. Doch ich begleite nur, ich kann niemandem helfen, wir können uns nur selbst helfen und befreien.

Als ich also in Rishikesh das Diplom bekam, hatte dieses Blatt Papier keine Bedeutung für mich. Doch dieser Tag und die Worte, die über mich gesagt wurden, waren meine Neugeburt:

Uns wurde gesagt, wir könnten für die Zeremonie weiße Kleidung tragen, als Zeichen der Reinheit. Ich hatte weiße Kleidung dabei, fühlte mich darin aber nicht wohl und entschied mich doch für meine rot-goldene Kurta. Also machte ich mich barfüßig auf den Weg zur Feuerzeremonie, auf welchem ich schon von sehr lieben

Yogabegleitern des vergangenen Monats staunend abgefangen wurde. Als wir am Feuerplatz saßen, rief eine plötzlich: „Jeanette, du stiehlst uns die ganze Show!" Sie sagte das aber lachend und mit einer schönen Energie. Die entstandenen Fotos zeigen mich tatsächlich immer im Zentrum dieser Zeremonie, rein werbetechnisch gab ich ein schönes Motiv ab, aber eben auch auf einer ganz anderen Ebene. Mir war das Ganze eher unangenehm, weil ich einfach nur ich war. Ich war einfach und hatte wenig Interesse an irgendeinem weiteren Blatt Papier.

Als ich dann in der Yogahalle nach vorne gerufen wurde, sprach eine Frau sehr liebe Worte, die ein lieber Begleiter mit seinem Handy filmte und mir später schickte. Ich habe mir dieses Video inzwischen dutzende Male angeschaut und begriff nach und nach, was dort passiert war. Als ich nach vorne kam, um mein Diplom zu holen, klatschten und jubelten meine Yogabegleiter so liebevoll. Auch der fröhliche Mönch sagte „wow" und die Sprecherin sagte, dass selbst Swami Ji „wow" sage, weil ich eine solch reine und göttliche Seele sei, und jeder, der etwas von Aura verstehen würde, könne verstehen und die Schwingungen um mich herum fühlen, und, dass sie sicher sei, dass ich dem, was ich in Rishikesh gelernt habe, gerecht werden würde. Der Filmende unterstreicht das mit einem deutlichen „YES" hinter der Kamera. Sie sagte auch, dass sie mich in Zukunft in einem sehr anderen transformativen Weg sehe, dass sie mir viel Glück und alles Gute wünsche. Die Zuhörer stimmten dem mit Zurufen völlig selbstverständlich zu, ich hörte es erst beim Ansehen des Videos und sie sagten, dass ich immer rot trage und der fröhliche Mönch hielt daraufhin eine Rede auf mich, die göttliche Mutter, die sich in der Farbe Rot kleide.

Ich wusste gar nicht, wie mir geschah, musste weinen, senkte meinen Kopf, weil es mir total unangenehm war, wollte weg von da vorne, mich einfach wieder auf meinen Platz setzen und erst später verstand ich, dass in Rishikesh zum ersten Mal mein wahres Wesen in einer großen Gemeinschaft erkannt wurde und in diesem Moment, in dieser Yogahalle mir selbst beschrieben wurde. Mir wurde das auf andere Weise schon häufiger gesagt, ich bin sehr gesegnet mit Menschen, die manchmal einen viel tieferen Blick auf mein Wesen hatten, weil ich selbst noch blind dafür war. Nun verstand ich meine Aufgabe, voll und ganz dazu zu stehen, mein Licht in die Welt zu tragen, egal, ob es irgendwen triggert oder blendet. Dies jedoch in einem achtsamen Feld aus Demut, denn ich habe auf weltlicher Ebene nichts dafür getan, so gesegnet zu sein.

Ein sehr lieber Mensch hatte mir vor meiner Abreise nach Indien einen sehr bewegenden Brief gegeben, in dem er schrieb, dass ein großes Geschenk auf mich warte, ich nicht vergessen solle, es auszupacken, ich so viel für andere getan hätte, dass ich bald auf meinem „einsamen Ölberg" sitzen werde. Ich spürte damals schon, dass das keine leeren Worte waren, er selbst hatte diese Mitteilung in einer Meditation erhalten und den Auftrag, es mir mitzuteilen. Und heute spüre ich, dass er mit allem was er mir schrieb recht hatte.

Ich fühle mich so beschenkt, so gesegnet, durfte in diesen Tagen dieses ganz wunderbare Buch schreiben und werde es an die Welt weitergeben, an alle, die damit in Resonanz gehen, weil sie Freude daran haben, sich zu entwickeln, Freude daran haben, zu wachsen, sich selbst zu erkennen und in sich die pure Freude des Seins zu entdecken, in jedem Moment, in diesem ganz irdischen Leben, das gleichzeitig einfach göttlich ist, mit all meinen weltlichen Themen, die ich noch lernen und vertiefen darf.

Inzwischen im indischen Dschungel hatten Navendu und ich während unserer gemeinsamen Zeit im Ashram dennoch oft auch sehr schön zusammengefunden. Trotz seines getriggerten Egos ließ er mir meinen Raum, sagte und wusste, dass Yoga ein ganz persönlicher und intimer Weg sei. In meinen letzten Tagen dort gingen wir zweimal zusammen im Fluss schwimmen. Einer seiner Hunde war dabei, er fing einen Fisch, was Navendu völlig erschreckte und er verbot ihm, einen Fisch zu fangen und zu fressen. Ich lachte nur und dachte: „Hey, lass den Hund seinen Fisch fressen, es liegt in seiner Natur es zu tun."

Ich sagte Navendu auch, dass ich so viel Traurigkeit in ihm sehe, und er bestätigte mir diese. Er hatte dieses Ashram vor einigen Jahren hier bauen lassen. Es gab keinen Strom und kein Internet. Aus Businessgründen habe er sich dann gegen sein Gefühl für einen Internetanschluss entschieden und ich sagte ihm, dass er aus meiner Sicht somit nicht verstanden hätte, dass im Leben alles verbunden sei, und alle Menschen, die ihn finden sollen, ihn auch ohne eine Website finden würden, ich sei der lebende Beweis dafür. Er erzählte mir auch, dass nun so viel um ihn rum neu gebaut werde und er jeden Tag den Lärm und diese ganzen Bagger hassen würde, die diesen wunderbaren Dschungel zerstören. Ich antwortete ihm, dass auch dieser Lärm und diese Bagger zu Gottes Schöpfung gehören, und, dass wenn er diese hasse, er das Werk Gottes hasse.

Ich fragte ihn, ob er das wunderbare Buch von Eckhart Tolle „Eine neue Erde" kenne? Ich sagte, dass ich glaube, dass es ein *guter Zeitpunkt* sei, dieses zu lesen. Er sagte, ihm sei inzwischen schon ein paar Mal von diesem Buch erzählt worden, und, dass es nun vielleicht tatsächlich dran sei. Ich weiß nicht, ob er es inzwischen gelesen hat.

Ich habe bei Navendu manchmal sehr geweint. Wir hatten eine große Gemeinsamkeit: er war Single, genau wie ich und wir sprachen über Liebe, über das Weibliche und das Männliche. Genau wie ich hatte er begriffen, dass wahre Liebe nur dort erblühen kann, wo keiner mehr den anderen braucht, wo beide so sehr mit sich im Reinen sind, dass ein wunderschöner Raum für das „wir" entsteht, wo beide Individuen komplett sind und das „wir" sie noch kompletter macht. Komplett ist eigentlich nicht steigerbar, hier schon, es ist wunderbar paradox!

Ich erzählte Navendu, dass ich so müde von Deutschland sei, von diesen ganzen grauen Energien, dieser Unbewusstheit, dass es mich manchmal völlig fertig mache. Heute weiß ich, dass diese grauen Energien mich nur triggern konnten, weil sie auch in mir waren. Heute nehme ich sie wahr, in der Regel triggern sie mich nicht mehr, meist denkt mein Kopf einfach nur: „Spannend!"

Navendu hatte aber schon erkannt, dass ich nicht nach Indien gehöre, dass ich meinen Auftrag in Deutschland habe und er sagte mir, dass es bald Zeit sei, zurück nach Deutschland zu gehen, und, dass ich mir sicher sein könne, so sehr gesegnet zu sein. Und er sagte, dass ich gleichzeitig jederzeit ein zweites Zuhause in Indien habe und ich immer zurückkommen könne, wann immer mir danach sei.

Als ich zurück in Deutschland war, wurde ich von meiner indischen Menschheitsfamilie häufiger gefragt, wann ich wieder nach Indien kommen würde. Ich durfte so sehr erfüllt und frei in mir wahrnehmen, dass gerade nichts in mir mich zurück nach Indien ruft, weil ich zum ersten Mal in meinem Leben ganz zu Hause, ganz bei mir selbst angekommen bin.

Navendu schenkte mir zum Abschied eine kleine wunderschöne Ganesha-Statue. Ich habe verstanden, dass wir all diese Statuen nicht brauchen, denn alles ist in uns. Sie steht trotzdem in meiner Erdhöhle und ich erfreue mich daran, muss manchmal schmunzeln, weil mir in Indien ständig „das Rad des Lebens" begegnet ist, einmal sogar quadratmetergroß, an einem Tempel auf einem Berg. Dieses Rad des Lebens ist ein spannendes Symbol, in Deutschland hat es eine ganz andere Bedeutung, ist verboten, was wieder zeigt, dass alles eine Frage der Perspektive ist. Warum ich schmunzle, wenn ich es sehe? Weil ich dann manchmal denke, dass man so als „rechtsradikaler Querdenker" dieses Symbol unbedingt in der Wohnung haben sollte. Wo bleibt sonst die ganze nicht vorhandene Rechtsradikalität dieser ganzen Querdenker, welche in der Coronazeit so sehr propagiert und gepredigt wurde? Manchmal kommen ins Café „Omas gegen rechts" und ich überlege dann kurz, ob ich ihnen erzählen soll, dass diese nette Bedienung, die gerade vor ihnen steht, einer der Querdenker ist, der in Berlin von den „Omas gegen rechts" ausgebuht wurde, weil sie angeblich mit Nazis Seite an Seite marschierte. Um ehrlich zu sein, ist mir auf all den Demos nie einer begegnet, ich hörte auch nie eine Rede mit rechtsradikalem Gedankengut. Vielleicht war ich auf den falschen Querdenkerdemos, denen ohne Nazis, oder vielleicht trug ich ganz einfach die falsche Brille. Das Universum kennt die Antwort. Wir sehen die Welt ja immer durch unsere eigene Brille der Wahrnehmung. Ich habe aber das Gefühl, dass in dieser seltsamen Zeit viele eine einheitliche Sonderanfertigung trugen, eine Sonderanfertigung der öffentlichen Medien, großzügig verziert mit den Sprenkeln der Angst. Diese Brille wurde ganz freizügig an die Gesellschaft verteilt, zu einem Sonderpreis von 18,36 € im Monat.

Schade ist, dass wenn du kein Interesse an dieser Brille hast, diese Rechnung von 18,36 Euro dennoch in dein Haus flattert. Aber auch da sind schon ein paar Querdenker dran, soweit ich weiß. Die mischen sich auch einfach in alles ein, selbst die Brillenindustrie ist nicht sicher vor ihnen.

Navendu zeigte mir durch sein Sein, dass du auch als „Guru" in deinem eigenen Ashram völlig traurig und unheilig vor dich hinleben kannst. Wir sprachen darüber, dass ich vielleicht mal ein Buch schreiben werde, er schlug vor, dass ich es „Jeanette in the garden" nenne könne. Ich antwortete, dass ich es vielleicht „The sad Guru" nennen werde. Navendu schmunzelte und sagte: „Ich bin Sadhguru" und wir beide mussten sehr lachen und ich spürte, dass da irgendwie etwas Wahres dran ist.

Navendu hat mir manchmal stundenlang die hinduistischen Geschichten der Götter vorgesungen. Ich liebte es, in dieser Energie zu baden, er singt wunderschön. Sein Ego wollte, dass ich mir behielt, was er mir erklärte, er fragte mich, wollte mich prüfen. Ich sagte ihm, dass ich ihm nie diese ganzen Namen nennen werden könne, dass ich aber alles verstehe, die ganze Energie in mir aufsauge, alles begreife, da alles Energie sei. Er antwortete, sein Ego wolle aber, dass ich es mit Worten wiedergeben könne!

Und nun sitze ich hier etwa sechs Monate später und merke, dass dieses Buch nun komplett durch mich durch geflossen ist. Gerade ist, glaube ich, alles gesagt und ich werde in den nächsten Wochen mal herausfinden, wie man ein Buch veröffentlicht.

Mir wurde gesagt, in meinen Sternen stehe, dass ich Bücher schreiben werde, dass es meine Aufgabe sei, mein Wissen weiterzugeben. Heute merke ich, dass ich dafür gar nichts tun musste, dieses Buch hat sich ganz von alleine geschrieben, ich war nur Gottes Werkzeug. Als Navendu diese Worte im Ashram zu mir sagte, wenn ich mich bedankte, begriff ich sie noch nicht, heute begreife ich sie.

Für Navendu
Im Oktober 2024

Nachwort und Dank

Alle Zeilen in diesem Buch schrieb ich in der puren Energie der Liebe. Sie zeigen meinen Blick auf die Welt, meinen ganz persönlichen als Menschenkind. Es liegt mir fern, irgendeinem Menschenkind, das Teil meiner Welt ist oder war mit irgendetwas zu nahe zu treten, oder ihm irgendetwas zu unterstellen. Sollte irgendwen irgendetwas an meinen Zeilen stören, bitte ich darum, es als meine Sicht zu respektieren. Ich unterstelle mir nicht, „die Wahrheit" zu kennen, auch wenn ich zutiefst davon überzeugt bin, dass ich sie ganz natürlich in mir trage.

Ich danke allen Menschen, die meinen Weg auf dieser Erde begleiten und ihn ein Stück begleitet haben von ganzem Herzen, egal in welchem energetischen Schwingungsfeld dies geschah. Auf göttlicher Ebene begleiten wir uns immer alle in jedem Moment, denn alles ist verbunden, dies zeigt uns so wunderschön die *Blume des Lebens*, die ich irgendwo auf meiner Reise kennen, begreifen und lieben lernte.

Drei Lieder wurden in den vergangenen Monaten und Jahren meine Hymnen:
„Ich danke allen Menschen" von Xavier Naidoo
„Für die Liebe" von Berge
„Greatest love of all" von Whitney Houston, meiner seit Jugendtagen ungeschlagenen Gesangsgöttin!
Die Hymne für alle Eltern und Kinder dieser Welt sollte aus meiner Sicht sein:
„Du bist ein Riese, Max" von Reinhard Mey

Möge das Licht der Liebe, das immer allgegenwertig ist, stets in deinem Wahrnehmungsfeld sein, lieber Leser. Danke, dass auch du mich auf der wunderschönen Reise zu mir selbst ein Stück begleitet hast.

Für die Liebe
Im Oktober 2024

Transformation gelungen!